REINO DEL DESIERTO
PUERTO DE LOS SABIOS
ACADEMIA DEL REINO DEL DESIERTO
RÍO DE LOS ESPEJISMOS
ROCADOCRE

Princesas del Reino de la Fantasía

3

Textos de Tea Stilton
Inspirado en una idea original de Elisabetta Dami
Diseño original de Silvia Bigolin
Ilustraciones del texto de Silvia Bigolin
Proyecto fotográfico de «El secreto de Samah» de Sara Cimarosti *con las ilustraciones de* Silvia Bigolin
Mapa de Carla De Bernardi *y* Carlotta Casalino
Cubierta de Iacopo Bruno

Título original: *Principessa del deserto*
© de la traducción: Helena Aguilà, 2011

Destino Infantil & Juvenil
infoinfantilyjuvenil@planeta.es
www.planetadelibrosinfantilyjuvenil.com
www.planetadelibros.com
Editado por Editorial Planeta, S. A.

Primera edición: noviembre de 2011
Séptima impresión: junio de 2015
ISBN: 978-84-08-10230-4
Depósito legal: M. 48.201-2011
Impresión y encuadernación: Huertas Industrias Gráficas, S. A.
Impreso en España - Printed in Spain

El papel utilizado para la impresión de este libro es cien por cien libre de cloro y está calificado como **papel ecológico**.

Tea Stilton

PRINCESA del DESIERTO

DESTINO

Personajes

SAMAH
Es la princesa del Reino del Desierto. Es prudente y responsable, cualidades muy convenientes para una gobernante, que además es la primogénita de las princesas del Reino de la Fantasía.

ARMAL
El primo de Samah es valiente, le encantan las aventuras y los grandes espacios abiertos. Sus pasatiempos favoritos son explorar el desierto y escalar el espolón de roca de su ciudad, Rocadocre.

DAISHAN
Hermana de Armal y prima de Samah. Tiene un carácter romántico y soñador, aunque no le falta energía... ¡A veces salta por cualquier cosa!

DASIN
Sentada en la única silla de Rocadocre, Dasin teje alfombras y tapices muy especiales, que cuentan historias llevadas por el viento.

Rubin Blue

Es un personaje misterioso, que llega a Rocadocre cuando empieza el Mercado de las Arenas. Su temperamento afable y esquivo despierta curiosidad y levanta sospechas.

Amira

La espléndida yegua de pelo dorado merece un puesto de honor en las caballerizas de la corte. Gracias a su extraordinario instinto, es la compañera ideal de Samah en las arenas del desierto.

Yuften

Es un joven comerciante, natural de una aldea situada en la frontera con la Verde Llanura. Impulsivo e indomable, siente una gran pasión por una muchacha… ¡de sangre real!

Abuelo

El abuelo materno de Samah es poeta y escritor, y fue consejero del Rey Sabio. Samah siempre puede contar con él cuando necesita un buen consejo.

Queridos amigos, hemos recorrido un largo camino. ¿Recordáis lo que os dije del laberinto de Flordeolvido? En la vida, nada es lo que parece. Un simple jardín puede ocultar un pasadizo secreto que conduce a un lugar lejano.

Gunnar, el príncipe de los Hielos, y Kalea, la princesa de los Corales, han llegado hasta aquí, al Reino del Desierto. Y nosotros, una vez más, vamos a seguirlos. Tenemos una misión importante: debemos ayudarlos a avisar a Samah del peligro que corre, pues el malvado príncipe Sin Nombre se propone robar otra estrofa de la Canción del Sueño.

Antes de ponernos en marcha, quiero daros un consejo: abrid el armario y coged un pañuelo de algodón o de lino, no importa de qué color. En el desierto suele haber tormentas de arena, y lo necesitaréis para acompañar a Samah cuando…

Pero ¿qué estoy diciendo? ¡No quiero anticiparos nada!

Sólo os diré una cosa: si decidís seguirme en esta nueva aventura, no os arrepentiréis.

En la maravillosa ciudad de Rocadocre, van a ocurrir cosas importantes. Daos prisa, contemplad el precioso amanecer desde las dunas.

El desierto es un lugar misterioso y lleno de encanto. Estoy segura de que os fascinará, tanto como su princesa, Samah.

¡Bienvenidos al Reino del Desierto!

Y no olvidéis protegeros de la arena y el viento.

Tea Stilton

PRIMERA PARTE

1
Bienvenidos a Rocadocre

La ciudad de Rocadocre se erigía encima de un enorme espolón de roca amarillento y muy reluciente parecido a una gema incrustada en un cetro.

A sus pies, lo único que se veía era el Desierto de los Susurros, un mar de arena que, poco a poco, se iba transformando en una extensión rocosa.

Una claridad difusa iluminaba el horizonte y se reflejaba en las dunas, tiñendo las casas de Rocadocre de un rosa tenue y apacible. El aire intenso de la mañana olía a flores, y empezaban a oírse tímidas voces en las callejuelas que rodeaban las casas como caminos de un laberinto secreto.

—Hoy es el gran día —susurró un hombre con un turbante azul y verde en la cabeza.

—Sí, los comerciantes están a punto de llegar. Pronto habrá que dar la señal —respondió otro, y sus ojos, negros como el ébano, contemplaron el imponente edificio que dominaba la ciudad. Apretó con fuerza el cuerno que llevaba en la mano y se encaminó hacia el borde de la roca, para anunciar el primer día de mercado.

~*~

En ese instante suspendido entre el día y la noche, una hilera de polvo cortaba las suaves dunas al pie de la roca dormida. Samah, soberana de Rocadocre y princesa del Desierto, cruzaba al galope el último tramo de llanura que la separaba de la ciudad. A su alrededor, unos reflejos de un rosa grisáceo anunciaban el nuevo día, iluminando las nubes de arena que levantaban los cascos de su yegua.

«No hay mucho tiempo, pronto llegarán los comerciantes», se dijo Samah, y espoleó con delicadeza su montura.

La princesa llevaba más de una hora cabalgando. Aquella mañana se había levantado muy temprano, cuando el cielo aún estaba oscuro. El sueño la había abandonado antes de tiempo, y la invadió el nerviosismo, preocupada por que todo estuviese en orden para el tradicional Mercado de las Arenas.

El mercado era un acontecimiento importante en Rocadocre. Una vez al año reunía a comerciantes procedentes de todos los lugares del Reino del Desierto.

La princesa se había ocupado de los preparativos hasta el último detalle, y, para no huir de las aprensiones de última hora, había decidido salir con *Amira*, la yegua dorada que era su querida compañera.

Se inclinó hacia delante hasta rozarle las crines, y le susurró:

—¡Más rápido, *Amira*! Tenemos que llegar a Rocadocre antes de que salga el sol.

La yegua y la princesa se entendían a la perfección. El animal relinchó y aceleró el paso. Samah tenía la sensación de estar ejecutando una danza silenciosa, suspendida entre el viento y la arena.

Al cabo de un rato, vio cerca la silueta familiar de Rocadocre. Minutos después, Samah entró al galope por el camino que conducía a las puertas de la ciudad.

Al llegar a la cima de la misma, tiró de las riendas con gesto decidido y detuvo a la yegua, levantando una nube de polvo.

Saltó al suelo con agilidad, y se dirigió al palacio real llevando por las riendas a *Amira*, que la seguía dócilmente.

Kel-Radek, el caballerizo de la corte, la esperaba en el patio central del palacio.

—¡Buenos días, Kel-Radek! —lo saludó la chica con alegría—. Te dejo a *Amira*. Más tarde pasaré por los establos. ¡Ahora me tengo que ir! ¡Todo tiene que estar listo para esta tarde!

Y desapareció tras las cortinas de finísimo algodón que colgaban de los pórticos.

~*~

Para los habitantes del Reino del Desierto, el palacio real era un lugar fascinante; pocos habían tenido la suerte de visitarlo. La mayoría sólo conocía el gran patio central, donde la princesa solía celebrar las fiestas.

Se contaban muchas historias sobre los refinados mosaicos de la corte, los baños y los grandes salones, como la Sala de la Bóveda Celeste. Y también se decía que las habitaciones ocultaban antiguos secretos.

El palacio estaba en un extremo de Rocadocre, orientado al noroeste. Como todos los edificios de la ciudad, estaba construido con ladrillos de barro seco y paja, sólo que era más grande y majestuoso, con una fachada de llamativos recuadros que enmarcaban las ventanas. La única entrada era un macizo portalón de madera de iroko; en cada puerta había dos espirales grabadas, símbolo del agua, muy abundante en la ciudad, y dos cabezas de rinoceronte, emblema de fuerza y poder.

La princesa subió a su habitación, y desde allí se asomó a la ventana, llena de curiosidad. Dentro de poco llegarían los comerciantes. A Samah le gustaba mucho el Mercado de las Arenas: era una buena ocasión para conocer de cerca a su pueblo y estar entre la gente. Sabía que muchos vendedores realizaban un largo viaje para llegar a Rocadocre; algunos venían de la otra punta del reino y, aunque estaban acostumbrados a los caprichos del desierto y al fuerte contraste de temperatura entre el día y la noche, a veces llegaban a su destino agotados. Sobre todo cuando había tormenta de arena en el

Desierto de los Susurros, o, peor aún, cuando se encontraban con los famosos escorpiones tigre que se ocultaban entre las dunas.

Si no se disponía del antídoto adecuado para la picadura, su veneno era mortal. Por suerte, no eran malvados, y sólo picaban cuando se sentían amenazados.

El sonido del cuerno sobresaltó a Samah. Anunciaba el alba, el comienzo del primer día del Mercado de las Arenas.

2
La llegada de los comerciantes

Se levantó aire. La princesa se estremeció en su túnica de lino color lavanda y dejó que su larga melena ondease suelta a la brisa matutina. Mientras contemplaba el desierto por la ventana abierta, las cortinas de seda se movían a merced del viento. A Samah le encantaba dormir acunada por el fresco y las voces nocturnas; por eso casi nunca cerraba las ventanas.

Inspiró profundamente y cerró los ojos. Le gustaban los aromas de lugares lejanos y misteriosos que traía el viento. Cuando los abrió de nuevo, un rayo de sol acababa de aparecer en el horizonte. La ciudad y el palacio se iluminaron de un rosa tenue, que pronto se convirtió en ocre y rojo intenso. Ningún pintor del reino podía reproducir tan espléndidos colores.

La luz reavivó los objetos de la habitación, se detuvo en la cama dorada, en la mesilla de ébano y en la alfombra de Samah, un objeto muy especial para ella. Con los reflejos de la luz del amanecer, daba la sensación de que los pájaros estampados fuesen a alzar el vuelo entre árboles y hojas. Los rayos de sol también iluminaban la

mesa y los cojines situados junto a la puerta, que le servían de estudio y de salón. En el palacio no había sillas, excepto la que Dasin, tejedora de la corte, usaba para sentarse ante su telar.

Samah miraba al frente. El Desierto de los Susurros parecía infinito, pero ella sabía que la extensión de arena se transformaba en roca al oeste y al sur, y en fértil llanura al noroeste; por el norte, siguiendo el curso del Río de los Espejismos, llegaba hasta el inmenso Mar de las Travesías.

La princesa conocía su reino palmo a palmo; conocía la arena y la piedra ardiente bajo el sol del mediodía; conocía la Verde Llanura, un lugar de insólita belleza al otro lado del Desierto de los Susurros, y conocía las Laderas Desoladas, situadas al oeste, un lugar yermo y de difícil acceso, donde casi nadie se atrevía a ir.

—¡Ahí están! —exclamó.

A lo lejos se distinguían pequeñas caravanas avanzando en dirección a la ciudad.

—Bien, manos a la obra.

Con una campanilla, llamó a una criada para que la ayudara a vestirse. Samah tomó un baño y luego se puso una falda larga y una casaca de seda blanca.

—Estáis muy hermosa, princesa —le dijo la criada.

La piel de Samah, tostada por el sol, resaltaba bajo la ropa blanca, y sus ojos color tierra brillaban iluminados por su sonrisa. Llevaba la melena recogida en largas trenzas que le caían sobre los hombros.

Sonrió para darle las gracias a la criada, y luego quiso asegurarse de que todo estuviera listo para la cena del Mercado de las Arenas.

—¿Todo bien en la cocina? —preguntó, mientras se ceñía alrededor de la cadera un cinturón del que colgaban unas monedas.

—Los cocineros están trabajando, princesa.

—Por favor, recordad que todo debe estar perfecto.

Cada año invitaban a cenar a los comerciantes. Era una forma de recibirlos, de agradecerles que aportaran prosperidad a Rocadocre y su reino.

—Estará perfecto, princesa, no os preocupéis.

Junto con la criada, bajó al pórtico y luego cruzaron el patio central. En el suelo, unas teselas de mármol coloreadas formaban el mapa del Reino del Desierto. Era un mosaico muy antiguo y valioso.

Mientras lo contemplaba, Samah se dio cuenta de que se había olvidado algo. Se detuvo y se llevó una mano a la cabeza, avergonzada.

—¿Qué ocurre, princesa?

—He olvidado un pequeño detalle —admitió con una sonrisa, mirando fijamente sus pies descalzos—. ¡Siempre me pasa lo mismo!

La criada ahogó una carcajada, y ella la miró con aire divertido.

—Tú sigue —le dijo—. Yo voy a por mis babuchas.

—Como queráis, princesa.

La criada se alejó, y Samah volvió sobre sus pasos.

Acababa de cumplir veinte años; era la mayor de las hermanas, pero siempre olvidaba de calzarse las babuchas. Negó con la cabeza, sonriendo.

Lo cierto era que le gustaba andar descalza; le producía una maravillosa sensación de libertad.

3
La joven del néctar de melocotón

Una interminable fila de comerciantes avanzaba por el camino que subía hasta la colina de Rocadocre. Las curvas, muy estrechas, eran una dura prueba para quienes llevaban objetos pesados o delicados, como jarrones, vasijas de cobre, muebles taraceados y muchas cosas más.

Pero al llegar a la cima, los vendedores tenían su recompensa: un vaso de néctar de melocotón helado, especialidad y orgullo de la ciudad de Rocadocre.

En aquellas latitudes no era habitual cultivar melocotones. Sin embargo, en Rocadocre era una tradición que se remontaba a los tiempos del jardinero Helgi, un hombre taciturno del Reino de los Hielos

Eternos, que en su día descubrió unos manantiales subterráneos.

De ello dedujo que la tierra debía de ser fructífera, y creó un espléndido jardín con plantas típicas de los lugares cálidos, incluido un baobab de tronco rojo. Completó el trabajo plantando unas semillas de melocotonero que había traído de su tierra. Mientras creaba el jardín, Helgi guardaba las semillas en una bolsa de cuero de la que no se separaba nunca; solía abrirla a menudo, como si quisiera asegurarse de que seguían allí. Sus ayudantes lo miraban, y no sabían si reírse o compadecerlo.

—¿Por qué no deja de mirar las semillas? —se preguntaban—. ¿Tan valiosas son?

—Quizá el viento del desierto ha trastornado a nuestro jardinero.

—Hasta ahora, nadie ha visto huir unas semillas corriendo por las dunas… ¡es un exagerado!

Por la noche, en las tabernas de Rocadocre, algunos afirmaban haber visto al jardinero hablando a las semillas. Aquel hombre les dedicaba más atenciones a las plantas que a las personas. ¡Qué tipo tan raro!

En Rocadocre circulaban rumores sobre él. Helgi lo sabía, pero no les daba importancia.

Cuanto terminaron el jardín, nadie en Rocadocre habría apostado nada a favor de aquellos frutales. Sin embargo, en poco tiempo, las semillas se transformaron en robustos árboles que daban unos melocotones blancos de sabor delicado y piel aterciopelada. Muy pronto, la fama de estos frutos se difundió por el reino, y la gente de Rocadocre tuvo que reconocer que las semillas eran especiales.

Así, los cuidados que el jardinero les había prodigado a los árboles dejaron de ser motivo de burla para convertirse en objeto de admiración.

Todo esto había ocurrido años atrás, cuando el Reino del Desierto acababa de surgir, y los ecos de la batalla del Reino de la Fantasía aún estaban vivos en la memoria de la gente.

En el pasado, sólo existía el Gran Reino, un territorio que el Rey Sabio, padre de Samah, le había arrebatado a un tirano, el Viejo Rey. Tras una larga y sangrienta guerra, el tirano fue derrotado y, gracias a un poderoso hechizo, cayó en un sueño eterno junto con toda su corte.

Samah y sus hermanas, Diamante, Nives, Kalea y Yara, no podían recordar esa época turbulenta, pues aún no habían nacido, pero sí se acordaban del período de paz y tranquilidad que vivió el Gran Reino bajo el reinado de su padre, muy querido y respetado por el pueblo.

Por desgracia, la paz no acabó con las preocupaciones del Rey Sabio. Con el paso de los años, el monarca comprendió que un reino tan grande no podía quedar en manos de una sola persona. Se estremecía al pensar que un nuevo tirano podía hacerse con el poder.

Por eso, antes de desaparecer para siempre, decidió dividir el reino y darle una corona a cada una de sus cinco hijas, con lo cual las obligó a vivir alejadas unas de otras y a no verse más. Era la única forma de evitar una nueva tiranía.

Así pues, cada princesa se convirtió en soberana de un reino, y guardó una estrofa de la antigua Canción del Sueño, el hechizo que utilizó el Rey Sabio para dormir a su peor enemigo. Esas estrofas, cinco en total, debían permanecer en secreto. Si se unían y caían en manos de un desaprensivo, los Cinco Reinos correrían grave peligro, y volvería el tiempo amargo de la guerra.

Pero por el momento no había sensación de amenaza en la pacífica Rocadocre, donde la princesa Samah estaba a punto de inaugurar el tradicional Mercado de las Arenas.

~*~

La joven del néctar de melocotón

Entre los comerciantes que subían a Rocadocre saboreando de antemano el legendario néctar de melocotón, había una familia procedente del norte del reino, con un caballo y un carro lleno de artesanía. El hijo pequeño, Nuasef, tenía un carácter dulce y amable, y lo contemplaba todo con admiración. En cambio, el mayor, Yuften, miraba al suelo con expresión contrariada y se veía que no estaba a gusto. Se negaba a llevar el turbante tradicional, era muy rebelde y, según su madre, su especialidad era dar un disgusto tras otro a sus padres. Había intentado por todos los medios no ir a Rocadocre, pero el padre se mostró inflexible.

—Un día, serás tú quien venda los productos, por eso debes venir con nosotros y aprender.

—¡Yo nunca seré comerciante! —replicó Yuften, muy orgulloso.

Pero al final se vio obligado a seguir a su familia.

El viaje había sido para él aburrido e interminable, y en el momento de entrar en Rocadocre, Yuften seguía de pésimo humor.

—Toma un poco de néctar de melocotón —le aconsejó su padre, suspirando.

El chico gruñó una respuesta incomprensible y, a regañadientes, alzó la vista del suelo.

En ese instante la vio.

~*~

La joven del néctar de melocotón

La belleza de la chica era deslumbrante; llevaba un vestido rojo, el cabello negro recogido en una coleta baja, y unos pendientes largos de oro. Su ropa olía a especias, y, cuando gesticulaba, sus pulseras de oro tintineaban. Yuften se quedó inmóvil unos segundos; la muchacha le ofrecía néctar de melocotón con una sonrisa abierta y luminosa.

En sus dieciocho años de vida había visto a muchas jóvenes, pero ninguna lo había impresionado tanto como la que tenía delante. Todo en ella era una armonía de gracia y orgullo. Tenía ojos de fiera del desierto, y una piel tostada, lisa como el cuarzo…

—¿A qué esperas, Yuften? —lo exhortó su padre.

Su madre ya estaba a punto de disculparse con la joven cuando él logró hablar:

—Muchísimas gracias, amable muchacha.

Sus padres y su hermano lo miraron, sorprendidos ante su repentina cortesía.

Yuften no les hizo caso y bebió un sorbo.

La chica del vestido rojo se volvió hacia el hombre que sostenía el recipiente con el néctar, llenó otra copa y se la tendió a Nuasef.

—¿Puedo saber el nombre de quien me ofrece algo tan delicioso? —preguntó Yuften.

—Sí, claro —respondió ella, sonriente—. Me llamo Daishan.

El nombre pareció hipnotizar al joven.

—Yo soy Yuften —dijo al fin—. Permíteme decirte que eres muy hermosa.

Buscó en una de las bolsas de tela que llevaban en el carro, y sacó una pulsera de madera con figuras de animales grabadas a fuego. Luego, se la tendió a Daishan, buscando su mirada.

—Toma, es para ti.

—Eres muy amable, Yuften —dijo la joven, cogiendo la pulsera mientras sonreía—. Es preciosa.

—Me alegra que te guste.

—¿La has hecho tú?

—Sí —mintió él, y la ciñó a la muñeca de la chica.

Al oírlo, Nuasef ahogó la risa dentro de su copa.

Daishan se sonrojó y, para disimular, sirvió dos copas más de néctar a los padres de Yuften. Éstos le dieron las gracias antes de que se fuera a atender a un nuevo grupo de comerciantes.

—¿Has oído a nuestro hijo? —comentó el padre en voz baja—. ¡Menudo talento para las pulseras!

—Pero cuando asegura que no será comerciante, dice la verdad —sonrió la madre—. Si quisiera serlo, no habría regalado tan alegremente un objeto con el que podríamos haber ganado algo de dinero.

Yuften sólo dejó de mirar a Daishan cuando su padre dijo que debían ir hacia la plaza.

Al chico no le interesaban el mercado ni los negocios; para él sólo existía la joven del néctar de melocotón. Era como si el tiempo se hubiera detenido, como si el soplo del destino se hubiera abatido sobre él dejándolo inerme y sin aliento.

Fue detrás del carro con movimientos lentos y mecánicos. No podía apartar de su mente aquella visión de belleza y dulzura.

«Daishan…», murmuró en voz baja.

Algo le decía que volvería a verla.

4

La yegua Amira

En la cocina, todo estaba listo. Los cocineros de la corte estaban preparando platos exquisitos para los comerciantes.

La princesa Samah supervisaba que todo estuviera bien hecho, siguiendo las recetas transmitidas de generación en generación, como la tarta de dátiles, una de las especialidades de Rocadocre.

De vez en cuando, ella también se entretenía cocinando. Lo que más le gustaba era experimentar y combinar sabores insólitos.

—¿Hoy no cocináis nada, princesa? —le preguntó una de las cocineras, una chica joven pero muy decidida. Estaba preparando una enorme cantidad de masa para un pastel, y tenía la cara llena de salpicaduras de harina.

—Creo que no. Es una cena demasiado importante para estropearla con una de mis creaciones —respondió Samah—. Ahora voy a los establos, *Amira* me espera. Si me necesitáis, podéis encontrarme allí.

—Muy bien, princesa —respondió la cocinera, haciéndole una reverencia.

Ella salió de la cocina y cruzó el patio en dirección a las caballerizas. Se entraba por una valla grande de madera, que en ese momento estaba cerrada. Samah dedujo que el caballerizo, Kel-Radek, no estaba. La abrió, entró y se encontró inmersa en la fresca penumbra.

Saludó a los caballos acariciando uno a uno sus morros largos y brillantes. Solía llevarles forraje, pero ese día, con los preparativos para la cena, había olvidado hacerlo.

Rozó el lomo de un espléndido caballo negro, y luego se acercó a la cuadra de *Amira*. La admiró unos instantes a la luz de la pequeña ventana, a cuya luz la piel dorada de la yegua despedía preciosos reflejos, como una rica tela de seda.

—¡Ya estoy aquí, *Amira*! —le dijo—. Te he prometido que vendría.

Al reconocer la voz de la princesa, la yegua se acercó e inclinó la cabeza para que la acariciara. Se movía con agilidad y aplomo.

Samah le rascó entre las orejas, cogió un cepillo y entró en la cuadra. Con sumo cuidado, peinó la cola de *Amira*, hasta dejarla suave.

Cuando terminó, la yegua resopló, sacudió la cabeza y agitó las crines. Luego, rozó la mano de la princesa con el morro, como si quisiera pedirle que siguiera cepillándola.

—Oh, *Amira*, eres fantástica. Lo entiendes todo sin necesidad de palabras.

Hundió los dedos en sus crines y, con paciencia, empezó a cepillárselas y trenzarlas.

—Hoy es un gran día. Esta noche daremos un banquete para los comerciantes. Será una fiesta memorable.

De vez en cuando, *Amira* relinchaba levemente, para demostrarle que le gustaban sus atenciones.

Cuando Samah terminó, se alejó unos pasos para contemplar el resultado.

—¡Estás guapísima, amiga! —comentó satisfecha.

Dejó el cepillo en un cubo y lo limpió, tras lo cual se despidió de la yegua y de la penumbra de las caballerizas para salir a pleno sol.

5
El Mercado de las Arenas

El Mercado de las Arenas estaba a punto de comenzar. Tras calmar su sed y descansar del largo viaje, los comerciantes estaban en la plaza de Rocadocre montando sus tenderetes.

La plaza tenía forma rectangular, rodeada de casas altas y estrechas, pintadas de amarillo, rojo y ocre.

En el centro estaba la Fuente de las Maravillas, de la que brotaba agua fresca y cristalina, que caía en una pila decorada con piedras oscuras de las Laderas Desoladas y con miles de conchas diminutas procedentes del lejano Reino de los Corales.

A mediodía, en cada centímetro de la plaza había productos de muy diversos colores. En las calles se res-

piraban aromas de países lejanos y se oían relatos que viajaban de boca en boca.

Todos esperaban a que llegara la princesa del Desierto. El Mercado de las Arenas no podía empezar hasta que ella lo inaugurara.

En ese momento, Samah andaba por los pasillos umbrosos del palacio y respiraba hondo. Siempre se ponía nerviosa cuando debía presentarse ante su pueblo, especialmente cuando venían los comerciantes, a los que solamente veía una vez al año. Además, nunca se había sentido cómoda hablando en público, pues llevaba una vida sencilla y no le gustaban las formalidades. Por suerte, la acompañaría su primo Armal. Él y su hermana mayor, Daishan, vivían con ella en palacio.

Armal era un joven de diecisiete años, fuerte y valiente, amante de la aventura y de las expediciones. Estaba muy unido a su hermana, a su prima Samah y a la corte, pero solía ausentarse durante semanas para adentrarse en los caminos del desierto, tras caravanas de beduinos o grupos de exploradores. Cuando permanecía en palacio, adiestraba los maravillosos caballos árabes de la familia real con la ayuda de Ajar, un guía del desierto, o escalaba la pared más empinada de la roca, que caía a plomo sobre el desierto. Sufría en los ambientes cerrados, y sólo se sentía vivo en grandes espacios abiertos.

Armal estaba esperando a Samah ante la puerta principal. Cuando la vio, la saludó con la mano. Al igual que la princesa, él también vestía de blanco. Llevaba una túnica hasta las rodillas, y debajo un pantalón largo y holgado. Un turbante cubría su pelo corto y oscuro, y calzaba unas sandalias de cuero.

—Buenos días, primo —lo saludó ella—. ¿Has visto a Daishan?

—No.

—¿Y sabes dónde puede estar?

—No, pero sé que se ha ofrecido a darles néctar de melocotón a los recién llegados.

En la frente de la princesa apareció una pequeña arruga. Era casi imperceptible y sólo podían notarla quienes la conocían bien.

—¿Ocurre algo?

—Es posible.

—¿Estás preocupada?

—No, Armal. Es sólo que, últimamente, tu hermana está más distraída que nunca. No para de hacer castillos en el aire. Cuántas fantasías… Insistió para recibir a los comerciantes, y me temo que ya sé por qué quería hacerlo.

—¿Por qué?

—Es inquieta y curiosa.

—La curiosidad no tiene nada de malo.

—En exceso puede traer problemas. No lo olvides.

A diferencia de su hermana, Armal era un chico muy juicioso. Era aventurero porque le gustaba la vida al aire libre, pero no era una persona impulsiva. Por eso Samah confiaba en él y solía pedirle consejo; lo consideraba muy maduro para su edad.

—El Abuelo me ha dicho que bajará más tarde —la informó el chico, cambiando de tema.

—¿Has hablado con él?

—Sí, ahora está escribiendo.

Samah no hizo más preguntas.

El Abuelo era el hombre más anciano de Rocadocre, aunque nadie lo habría dicho viendo su aspecto fuerte. Y, como suele ocurrir, era la persona más sabia del reino.

Se llamaba Amar, y era el Abuelo materno de Samah. Había nacido en el Reino de los Corales, pero llevaba muchísimos años en Rocadocre. Aun así, no se había acostumbrado a llevar turbante, como era costumbre entre los que habían nacido en el Reino del Desierto.

En tiempos del Gran Reino, el sabio Amar fue uno de los mejores consejeros del Rey Sabio. Ahora sus conocimientos y experiencia eran un punto de referencia para Samah, que veía en él un reflejo de sus añorados padres. Aunque pasaban los años, ella seguía llamándolo «Abuelo», como hacía de pequeña, y poco a poco se había convertido en el Abuelo para toda la corte.

Era un hombre muy reservado. Pasaba muchas horas al día escribiendo historias de su pueblo; algunas ciertas, otras, transformadas por su imaginación. Pero todas eran muy bonitas, y nadie deseaba saber cuáles eran inventadas y cuáles no. Así, a lo largo de los años, realidad e imaginación se habían ido mezclando indisolublemente.

6
El discurso de la princesa

Los dos primos salieron por la puerta de iroko y se vieron inmersos en el gentío. Las calles estaban llenas de personas que iban y venían con artículos de todo tipo. Algunos intentaban atraer compradores ofreciendo precios especiales; otros charlaban, contentos; otros entraban en regateos interminables con los clientes. Los negocios empezarían tras el discurso inaugural de la princesa, pero siempre iba bien dar a conocer los productos.

Además de las voces, en el mercado sonaba el balafón, un instrumento muy difundido en el Reino del Desierto. Era una especie de xilófono de madera, con unas calabazas vacías debajo para amplificar el sonido que, a veces, recordaba el de las gotas de agua sobre madera o piedra.

Samah miró a su alrededor, satisfecha. Le encantaba pasear por las calles de su ciudad. En otros lugares podía sorprender ver a una princesa sin escolta, pero Rocadocre era una localidad tranquila y pacífica, y no hacían falta guardias. Además, todos conocían y respetaban a la princesa Samah; si un peligro la hubiera amenazado, o hubiese desafiado el reino, todo el mundo la habría ayudado.

Durante el breve trayecto del palacio a la plaza, se oyeron aplausos y aclamaciones.

«¡Viva la princesa! ¡Larga vida a Samah!», resonaba por las calles de Rocadocre.

—Este año hay muchos comerciantes —comentó Armal mientras se abrían paso por las calles abarrotadas.

—Eso significa que el reino es próspero y pacífico.

Llegaron a la plaza y Samah subió a una sencilla tarima para que todos la pudieran ver. La multitud calló al instante.

Ella sonrió, inspiró profundamente y empezó a hablar.

—Amigos comerciantes, quiero daros la bienvenida a Rocadocre, en mi nombre y en el de mi corte. Espero que este año también os sintáis dignamente acogidos…

«Más que dignamente», pensó Yuften, apretado entre la multitud. Mientras la princesa pronunciaba su discurso, él buscaba con la mirada a la chica a la que le había regalado la pulsera, pero no la veía.

—... y os agradezco que estéis aquí y que, un año más, hayáis realizado un viaje tan largo. Espero que los negocios os vayan bien y que vuestra estancia en Rocadocre sea feliz. Gracias por hacer de mi ciudad un lugar próspero y feliz.

Al acabar, inclinó la cabeza ante su pueblo, según la costumbre, y la muchedumbre aplaudió con entusiasmo.

En ese momento, Armal notó que alguien le tiraba de la manga. Era Daishan. Iba despeinada, y esbozaba una gran sonrisa. Se la veía radiante.

—Hola, hermanita. No sabíamos dónde estabas.

—Hola. Estaba dándoles néctar a los comerciantes, en las puertas de la ciudad.

—Eso ya me lo imaginaba…

—Sí, pero no sabes lo divertido que ha sido.

—Yo creo que ha habido algo más que diversión… Dime, ¿te ha pasado algo especial?

En ese instante, Samah, que se estaba despidiendo de un grupo de comerciantes, vio a su prima.

—¡Daishan! ¡Qué alegría verte! Pareces algo cansada…

—El sol calienta muchísimo, Samah. Y repartir néctar para todos es agotador.

Armal miró a su hermana con ojos inquisitivos.

—Qué pulsera tan bonita —comentó la princesa.

A Samah no se le escapaba nada. Se fijaba en cada detalle y se daba cuenta del más mínimo cambio.

—Me la ha regalado un joven comerciante. Por mi amabilidad.

—¿Por tu amabilidad?

—Porque le he ofrecido néctar —respondió Daishan muy alegre.

—Les damos néctar a todos —comentó su prima, y alzó una ceja, sorprendida—. No tendrías que haber aceptado el regalo.

—Él estaba tan agradecido y me lo ha dado de tan buena voluntad, que no he podido rechazarlo.

Samah la notaba excesivamente eufórica. ¿Le estaría ocultando algo?

Daishan pensaba en el joven de ojos negros y profundos. Seguro que venía de muy lejos, y que, al terminar el mercado, no lo volvería a ver. Tan sólo le quedaría su nombre, Yuften. De pronto se sintió triste. Sin darse cuenta, soltó un profundo suspiro, y Samah la oyó.

—Supongo que era un joven muy guapo —le dijo.

—Sí —murmuró ella—. ¿Cómo lo sabes?

—Me lo dice la luz de tu mirada… —la pinchó la princesa, sonriendo.

Armal también sonrió al ver que Daishan se estaba sonrojando.

—En fin, la pulsera es muy bonita —concluyó Samah—. Ahora debo volver al palacio. ¿Vosotros os quedáis aquí o venís conmigo?

—Si no te importa, nos quedaremos un rato —respondió Armal.

—Como queráis. ¡Hasta luego!

Los dos hermanos contemplaron la figura esbelta y ágil de su prima hasta que desapareció entre la multitud. Daishan tenía ganas de estar a solas con Armal; estaba muy unida a su hermano y necesitaba hablarle de su encuentro con el joven comerciante.

—Cuéntamelo todo —se le anticipó él—. ¿Quién es ese chico tan interesante?

—No lo sé —dijo Daishan, y los ojos se le iluminaron—. Es un joven extranjero muy... atractivo.

—¿Volverás a verlo?

—Si tengo la suerte de encontrármelo otra vez...

—Quizá en la cena.

—Sí, quizá.

Armal estaba sorprendido y contento. Hacía mucho tiempo que no veía a su hermana tan feliz y radiante.

—Siempre puedes contar conmigo... Ya lo sabes, ¿no?

—Sí, hermanito. ¡Gracias!

Y se abrazaron, felices.

No podían imaginar que alguien se sentía muy triste al verlos.

Ese alguien, oculto entre la multitud, era Yuften.

7
La llegada de Rubin Blue

Rubin Blue llevaba días cabalgando para llegar a Rocadocre. Cuando distinguió la ciudad a lo lejos, al otro lado de las infinitas dunas de arena, suspiró aliviado, pues se le había terminado el agua y su montura empezaba a tambalearse. Caballo y jinete no habrían aguantado mucho más.

Él aún no se había adaptado al clima de aquel reino, a sus vientos cálidos y su arena abrasadora, y tener la piel clara y los ojos azules no lo ayudaba. Sentía en el rostro la quemazón del sol y el viento, y la garganta le ardía de sequedad.

Al límite de sus fuerzas, tomó el camino que conducía a la entrada de la ciudad, confiando en que el largo viaje no hubiera sido en vano.

Debía encontrar lo que buscaba. Y luego recibiría su recompensa.

Pero antes de nada, tenía que conseguir agua, o se desmayaría.

Entró en la ciudad y se dirigió a un gran edificio de colores, probablemente el palacio real. Pediría ayuda allí.

~*~

La princesa Samah pasó la tarde supervisando los últimos preparativos para el banquete, y luego salió a pasear.

Dejó volar sus pensamientos, mientras recorría los pórticos que rodeaban el patio. De pronto, oyó que alguien llamaba al enorme portalón de entrada.

Pensativa, abrió las pesadas puertas de iroko y vio ante sí a un extranjero que se tambaleaba y sostenía las bridas de un caballo blanco. Por su aspecto, debía de venir de muy lejos.

—¡Oh! ¿Puedo hacer algo por vos? —le preguntó ella, sorprendida.

Rubin Blue creyó que era un espejismo.

Abrió y cerró los ojos dos veces para convencerse de que no se trataba de una ilusión óptica del desierto. Tenía delante a una chica de inigualable belleza, con una voz melodiosa y aterciopelada.

—Estoy exhausto, y necesito reponer fuerzas —respondió al fin—. ¿Puedo pediros un poco de agua para mí y para mi caballo?

—Por supuesto. Por favor, entrad.

Samah lo guió hasta el patio.

—¡Kel-Radek! —llamó.

Al instante, apareció un hombre bajito, de piel, ojos y cabellos oscuros. Bajo el turbante negro, resaltaba su

mirada de águila. Vestía una chaqueta cómoda y un pantalón ancho, y llevaba una bruza en la mano. Era el caballerizo de la corte, el mejor experto en caballos del reino y el que más amaba a estos animales; se decía que incluso hablaba su lengua.

—Aquí estoy, princesa.

Al oír esas palabras, a pesar del cansancio y la sed, el extranjero aguzó los oídos. ¿La chica que lo había recibido era la princesa Samah? Entonces era cierto lo que se decía sobre la legendaria hospitalidad de Rocadocre. La joven lo había acogido sin reservas, y ahora se preocupaba por su montura.

—Kel-Radek, ocúpate de este pobre caballo —la oyó decir—. Está agotado y tiene sed.

—Ahora mismo, princesa.

El caballerizo sujetó las bridas y se lo llevó a los establos.

—Vos sentaos aquí —le dijo luego a él, señalando unos cojines enormes colocados bajo el pórtico—. En seguida os traigo algo de beber.

Desapareció tras una puerta, y al cabo de unos instantes volvió con una jarra llena de néctar de melocotón.

El joven bebió con avidez. El zumo corría por su garganta como la savia por el tronco de un árbol, y poco a poco su lengua y sus labios comenzaron a suavizarse. En apenas unos minutos, vació la jarra entera.

—Os traeré más —dijo Samah.

—Esperad, por favor, ya he bebido bastante, y me siento mejor. Quiero agradeceros vuestra amabilidad. Me llamo Rubin Blue —se presentó, poniéndose de pie. Sintió un leve mareo, pero intentó disimularlo.

—Yo soy Samah, la princesa del Reino del Desierto, y éste es mi palacio. Bienvenido a Rocadocre, Rubin Blue.

—La fama de vuestra generosidad os precede, princesa Samah.

Estuvo a punto de decirle también lo hermosa que era, pero había oído comentar que la princesa era esquiva y discreta, poco amante de los halagos.

—Las personas que hablan así de mí sí que son generosas. Me alegro de que os hayáis recuperado. ¿Puedo preguntaros el motivo de vuestra visita a Rocadocre?

—Soy comerciante.

—Pero no sois de aquí, ¿verdad?

—Mi aspecto me delata. Vengo de muy lejos.

—¿Y habéis venido al Mercado de las Arenas?

—Exacto —respondió él, sonriente.

«Qué sonrisa tan simpática, y qué rostro tan peculiar», pensó Samah.

—Veo que no traéis mercancías. ¿Para qué habéis hecho un viaje tan largo?

—Veréis, yo busco objetos especiales, por encargo.

—¿Y creéis que aquí vais a encontrar algo?

—Así lo espero. Voy a pediros otro favor: ¿podríais indicarme un lugar donde pasar la noche?

—Me temo que todas las posadas de la ciudad están llenas. Muchos comerciantes han tenido que acampar al pie de la roca.

—Sí, he visto sus tiendas.

—Me encantaría que fuerais mi huésped hasta que os vayáis. Esta noche daremos un gran banquete aquí, en palacio, y todos los comerciantes están invitados.

—Sois muy generosa, princesa Samah. Acepto encantado vuestro ofrecimiento.

—Perfecto. Llamaré a alguien que os acompañe a vuestra habitación, para que podáis descansar antes de la cena.

—Sois muy amable. Espero poder devolveros el favor algún día.

—Hasta luego, Rubin Blue.

Samah se dirigió a los pisos superiores, en busca de un criado. Subió la escalera con una sonrisa, pensando en el extraño comerciante; tenía un aspecto insólito, y sus modales eran muy corteses.

Las normas de la hospitalidad de Rocadocre la habían hecho invitarlo a palacio, una invitación que, en un reino menos seguro que el suyo, habría parecido incauta.

Pero la princesa no albergaba dudas: Rubin Blue le parecía de fiar.

Y ella sabía juzgar a las personas a primera vista.

~*~

Algo más tarde, Rubin cerró con sumo cuidado la puerta de la habitación que le habían asignado y se tendió en la cama blanda y perfumada.

Miró alrededor: era una estancia grande y aireada, con muebles de calidad y finísimas cortinas de lino. Era un lugar acogedor, y en él se sentía como en casa.

Suspiró pensando en sus viajes solitarios. Siempre iba de una punta a otra de los Cinco Reinos, y nunca había podido echar raíces. ¿Ésa era la vida que quería llevar?

Se dio la vuelta en la cama.

Rememoró episodios desagradables del pasado e intentó apartarlos de su mente. Quería dejar atrás la nostalgia y los recuerdos para mirar hacia el futuro con fe y esperanza.

Se levantó, se quitó la camisa y se lavó la cara, tras lo cual se tumbó de nuevo en la cama, aunque cuidando de no dormirse; en breve tendría que bajar a cenar.

8
La cena de los comerciantes

En el gran patio del palacio real habían colocado veinte mesas bajas de madera, rodeadas de mullidos cojines multicolor.

En la mesa central, más pequeña, se sentaba la familia real, compuesta por la princesa Samah, sus primos Armal y Daishan y el sabio Amar, conocido como el Abuelo.

En todas las mesas había flores perfumadas, cestas con limones, jarras de agua fresca de la Fuente de las Maravillas y néctar de melocotón en abundancia.

Los comerciantes llegaron al atardecer, y la princesa los recibió uno a uno en persona.

Samah vestía una falda larga de seda turquesa y una camisa bordada, con amplias mangas terminadas en punta, y en la cabeza llevaba un gorro de seda adornado con piedras preciosas que brillaban cuando se movía. Su luminosa belleza dejaba a todo el mundo sin aliento.

Los comerciantes la saludaban y luego se les acercaba una chica con un cesto lleno de pequeños regalos de bienvenida: nueces vaciadas y llenas de semillas.

Según decían, agitarlas mantenía alejadas las tormentas de arena. Sólo eran antiguas leyendas, y nadie creía

que funcionaran, pero el regalo formaba parte de la tradición del Mercado de las Arenas, y los invitados lo recibían con alegría y daban las gracias haciendo una reverencia.

Al entrar en el patio, todos contemplaban el imponente palacio. Luego se detenían a admirar el mosaico del suelo que reproducía el mapa del Reino del Desierto.

Los observadores más atentos reconocían las distintas partes del palacio: el ala de los criados, los baños, el depósito de agua y las caballerizas, donde estaban los magníficos purasangres de la familia real, entre ellos *Amira*, la yegua de la princesa Samah.

Las cuatro esquinas del patio estaban adornadas con grandes hibiscos en flor. Las ventanas, abiertas e iluminadas por cientos de velas, dejaban entrever los techos pintados. Una suave melodía de flautas sonaba en el aire fresco del anochecer.

Se oían continuas exclamaciones de sorpresa.

Los criados les indicaron a los comerciantes que tomaran asiento alrededor de las mesas. Todos estaban impacientes por saborear los platos.

Los banquetes de Rocadocre eran famosos en todo el reino por su calidad, y porque incluían ingredientes que muchos invitados no habían probado nunca.

La cena de los comerciantes

Yuften tenía su sitio en una de las mesas, pero no quería sentarse. No estaba pendiente de los platos, tan sólo ansiaba ver a la chica del vestido rojo que lo había recibido a las puertas de la ciudad. Estaba seguro de que la encontraría en aquella cena, y no iba a tomar asiento hasta que ella llegara.

Poco después, en la escalera que bajaba de los pisos

superiores al patio, Yuften vio a dos jóvenes y a un hombre bastante mayor. No conocía al anciano, que caminaba con paso enérgico, con el largo cabello muy blanco recogido en la nuca. Rápidamente reconoció a los jóvenes: eran Daishan, la muchacha del néctar de melocotón, y el que la había abrazado aquella mañana en la plaza del mercado.

El semblante de Yuften se ensombreció. Su intuición no le había fallado: ella estaba allí, tal como esperaba, pero aquel joven parecía su novio.

El hombre mayor y los dos chicos se dirigieron a la mesa central, y, cuando estaba a punto de sentarse, Daishan detectó la mirada abatida del joven comerciante.

La princesa Samah fue la última en llegar a la mesa real y, antes de sentarse, se dirigió a los presentes:

—Queridos amigos que venís de tan lejos, me alegra teneros aquí un año más, siguiendo la tradición. Espero que disfrutéis de la cena. En nombre de mi Abuelo, de mis primos Armal y Daishan y en el mío propio, os doy la bienvenida a nuestra casa. ¡Feliz estancia y pasadlo bien!

Los invitados aplaudieron y agitaron las cáscaras de nuez.

Yuften suspiró aliviado: ¡Daishan y el chico eran hermanos! Pero eran primos de la princesa... ¿Qué posibilidades tenía él, un simple comerciante, con una joven de sangre real?

Miró al frente, inquieto, haciendo oídos sordos a la conversación de su familia. Debía elaborar un plan para aprovechar al máximo la situación, para poder hablar con ella y conocerla.

Mientras, Rubin Blue, sentado junto a la mesa de la familia real, escuchó las palabras de Samah y se sintió satisfecho de estar allí, en el corazón de Rocadocre.

~*~

Los cocineros de la corte habían preparado una cena exquisita. A una orden de la princesa, los camareros salieron de la cocina con bandejas enormes: cuscús con verduras escarchadas, dátiles rellenos de queso de cabra, hojas de higuera rellenas de pollo con piñones, sopa de garbanzos y especias, verduras al curry envueltas en tortitas de espelta, tartas de flores de hibisco y corteza de limón, galletas de pistacho y miel, tarta de dátiles y muchas cosas más. Un festival de colores y aromas que dejó boquiabiertos a los invitados.

En todas las mesas se comentaban los platos. Risas, bromas y relatos llenaban el patio, y el ambiente no podía ser más alegre y festivo.

Había dos jóvenes que se miraban de vez en cuando, con el corazón acelerado, y deseaban que la cena terminara cuanto antes para poder estar juntos.

9
Que comience el baile

El banquete fue un éxito. Todos comieron a gusto, y en las grandes bandejas sólo quedaron migajas. La princesa bebía su té aromático, muy satisfecha al ver que sus súbditos se divertían. Para ella también estaba siendo una velada agradable, junto con su familia y el extranjero, Rubin Blue, a quien había invitado a la mesa real al finalizar la cena.

En cambio, Daishan permanecía silenciosa. Tal como solía hacer, se retiró a su mundo de fantasía, a soñar con los ojos abiertos. Desde pequeña, tenía la sorprendente capacidad de aislarse de la realidad para seguir el rastro de sus sueños. Su hermano Armal, que tenía los pies en el suelo, siempre la reñía, y opinaba que aquellos «espejismos», como él los llamaba, la convertían en una persona distraída y poco de fiar.

—Estoy de acuerdo en que soy distraída —le respondió un día ella—, pero en lo demás exageras. Yo creo que estás celoso de mis fantasías…

—Nada de eso —replicó Armal, muy orgulloso—. ¡Yo prefiero vivir aventuras reales!

Entonces el Abuelo acarició el cabello de Daishan, y les dijo con ternura a sus nietos:

—Armal, no subestimes el poder de la imaginación. ¡Es un don! Y tú, Daishan, piensa qué significan los reproches de tu hermano. Si vives sólo de fantasías, acabarás perdiéndote las cosas buenas que te ofrece cada día la realidad.

Ese día, la muchacha reflexionó, y comprendió que el Abuelo tenía razón… Pero soñar con los ojos abiertos era algo más fuerte que ella, tan natural como respirar o hablar.

Además, aquella noche debía permanecer quieta y callada, pues no quería que Samah advirtiera la presencia de Yuften y le hiciera preguntas embarazosas. Y, como no podía concentrarse en la conversación, sus pensamientos la llevaron lejos… y se perdió las aventuras que Rubin Blue les contó a Samah, al Abuelo y Armal.

De pronto, su hermano la hizo volver a la realidad al pellizcarle el brazo, y oyó el final de uno de los viajes de Rubin Blue:

—... al despedirme de la mujer misteriosa, decidí seguir con la pequeña caravana de beduinos hasta el meandro del Río de los Espejismos. Nuestra intención era pasar la noche acampados bajo una gran duna. Allí, al atardecer, contemplé uno de los espectáculos más impresionantes que he visto en mi vida: el sol creaba reflejos dorados en el agua, que despedía unos vapores densos como nubes, coloreados en tonos pastel. Tras aquellas brumas, me pareció ver tejados y pináculos, incluso algunas casas...

—¿Visteis la ciudad perdida de Agar? —lo interrumpió Armal, entusiasmado—. Es un privilegio que el Río de los Espejismos concede a muy pocos.

—Sí —sonrió Rubin—, todo hacía pensar en la legendaria Agar. Y yo estaba a un paso de la meta. Cogí la botella de zumo de granada que me había dado la mujer, confiando en sus propiedades y convencido de que me ayudaría a distinguir lo verdadero de lo falso, la realidad de los espejismos. Y volví al campamento con el corazón latiéndome con fuerza. Aquella noche no pegué ojo, no dejaba de pensar en Agar y sus tesoros ocultos.

—¿Y encontrasteis lo que buscabais? —le preguntó el Abuelo, muy interesado.

—En la vida no se debe confiar en lo que es ajeno a nuestras propias fuerzas. Yo creí en la mujer del

Puerto de los Sabios y en su brebaje mágico, pero cometí un grave error. Y me di cuenta de ello demasiado tarde.

—Contádnoslo todo, Rubin Blue —pidió Samah—. Queremos saber cómo terminó vuestra aventura.

—Está bien, princesa. Al amanecer, les dije a los beduinos que me ausentaría unas horas y les pedí que me aguardaran en el campamento. Luego, muy impaciente, me dirigí a la orilla del río. Según me acercaba al agua, los vapores eran más densos y envolventes; el calor y la humedad me cortaban la respiración. Pese a todo, avancé muy resuelto, y Agar estaba cada vez más y más cerca… unos pasos más y podría tocarla. Me sumergí en el río hasta las rodillas, abrí la botella y bebí el zumo de granada, siguiendo al pie de la letra todas las instrucciones de la mujer.

Rubin hizo una pausa y bajó la vista, como si recordara algo muy doloroso, una gran oportunidad perdida para siempre.

—Ella me había mentido. No era el zumo de la verdad, sino una bebida envenenada. Empecé a sentir vértigo. Alcé la vista para orientarme con el sol, pero las brumas del río me lo ocultaban. Me arrastré fuera del agua como pude, y caí al suelo, aturdido. A mi alrededor todo se iba oscureciendo. Lo último que vi antes de perder el conocimiento fue el rostro de la mujer que me había engañado, sus ojos refulgentes como brasas.

—¿Y qué pasó con vuestra expedición? —preguntó Samah.

—Cuando desperté, me habían robado el caballo y las alforjas que contenían las provisiones, la brújula y el pequeño reloj solar que siempre llevaba conmigo. Me palpé bajo la túnica en busca del estuche de cuero con las esmeraldas que había comprado en el Puerto de los Sabios, y también había desaparecido. Con mucho esfuerzo, llegué al campamento, donde descubrí que los beduinos se habían ido sin dejar rastro. Estaba al límite de mis fuerzas, no tenía agua ni comida, y volví a desmayarme.

Rubin hizo una última pausa antes de concluir:

—Por suerte, unos días más tarde pasaron por allí unos comerciantes, y me salvaron. Ha transcurrido mucho tiempo, pero nunca olvidaré el Río de los Espejismos, ni a la mujer que me engañó.

Todos guardaron silencio, impresionados por el relato del extranjero.

La princesa Samah lo miraba con curiosidad e interés, mientras la leyenda de la ciudad perdida de Agar y del río misterioso y fascinante encendía la imaginación de Daishan. Fantaseó con los tesoros que había mencionado Rubin Blue, y se perdió en las calles del Puerto de los Sabios, donde aquel extranjero intrépido había comprado el zumo de granada que resultó ser una traición.

Al cabo de un rato, abandonó sus pensamientos, y advirtió que Rubin estaba contando otra historia. Esta vez se trataba de una expedición a las minas de sal más profundas de los Cinco Reinos, en busca de un brillante muy valioso.

—Para ser tan joven —comentó el Abuelo—, habéis visto de todo.

—Sí, mi vida está llena de aventuras —respondió Rubin, sonriendo.

—Las minas de sal están en el Reino de la Oscuridad, ¿no? —preguntó Samah.

—Exactamente.

—¿Conocéis a la princesa Diamante?

—Oh, sí, he oído hablar de ella —contestó él, muy serio, frunciendo el ceño.

Samah decidió no hacerle más preguntas. Había algo que no la convencía en la reacción del joven.

—Bien —anunció a sus invitados al advertir cierta impaciencia en el patio—, ha llegado el momento de que comience el baile.

Todos se entusiasmaron, y los músicos empezaron a tocar una melodía con mucho ritmo. Los comerciantes se levantaron rápidamente y los camareros desmontaron las mesas.

Durante la cena, entre un sueño y otro, Daishan le había lanzado miradas fugaces al muchacho sentado varias mesas más allá.

Y Yuften había respondido a todas ellas con luminosas sonrisas.

Daishan pensó que el baile era su gran oportunidad de acercarse a él sin llamar la atención de su familia.

—¿Con quién abrirás el baile este año? —le preguntó a su prima Samah.

—Según la tradición, debo elegir a un comerciante.

—¿Puedo ofrecerme voluntario? —propuso Rubin.

—¿Por qué no? —contestó la princesa, riendo.

Samah y el extranjero se pusieron en pie, y cuando los criados retiraron su mesa, empezaron a bailar. Otras parejas los imitaron.

Rubin guiaba los pasos de ella con gracia y seguridad. Su mano era fuerte, y su ropa olía a jengibre y miel. Aquel hombre era una insólita combinación de energía y ternura. Bailaron, rieron y bromearon como dos viejos amigos.

Mientras, Armal bailaba con la hija de un comerciante, y el Abuelo se había retirado a descansar, o eso fue lo que dijo, aunque tal vez estuviese escribiendo alguna historia inspirada en los viajes de su invitado.

Daishan se sentó en una esquina del pórtico y aguardó a que Yuften se reuniera con ella.

El chico no se hizo esperar.

—De modo que eres prima de la princesa Samah.

—Así es. Oye, ¿estás enfadado? Hace un rato tenías una mirada terrible…

—No, no es nada. Sólo estaba sorprendido —contestó él, y se echó a reír.

—¿Qué ocurre? —preguntó Daishan.

—¿Sabes el chico que estaba sentado a tu lado?

—¿Mi hermano Armal?

—Sí. Creía que era un pretendiente tuyo... O peor aún, tu futuro esposo.

—¿Mi futuro esposo? —rió ella—. ¡Soy muy joven para casarme!

—¿Cuántos años tienes?

—Dieciocho.

—Tal vez seas joven para casarte, pero no para enamorarte.

Que comience el baile

Como todas las chicas de su edad, Daishan soñaba con encontrar un príncipe del desierto que conquistara su corazón, pero no tenía prisa. «Cuando sea el momento, lo encontraré», se decía siempre.

Sentía curiosidad por Yuften. Era simpático y amable. Su corazón era generoso y sus palabras, fascinantes...

—¿Quieres bailar? —le propuso el joven, sin perder el tiempo.

Ella observó el patio; empezaba a vaciarse. Como todos los años, el baile no duraría mucho. Tras el largo viaje y la opípara cena, la mayoría de los comerciantes prefería acostarse temprano. Al día siguiente tendrían mucho trabajo, y no querían fracasar por culpa del cansancio y el sueño atrasado.

Daishan vio que Samah se estaba despidiendo de los últimos invitados.

—Me temo que yo también debo retirarme.

Yuften asintió, pero no se dio por vencido.

—¿Crees que volveremos a vernos?

—Es posible, sí.

—¿Dónde? ¿Cuándo?

—No lo sé, pero... volveremos a vernos. ¡Buenas noches! —se despidió ella, riendo.

Y desapareció entre los pórticos iluminados por las velas, dejando tras de sí el tintineo de sus pulseras de plata.

Yuften cerró los ojos y siguió el sonido metálico hasta que se disolvió en la oscuridad.

Decidió que haría cuanto estuviera en su mano para conquistar el corazón de Daishan.

10

Una noche en vela

Había sido un día muy largo para la ciudad de Rocadocre. Los comerciantes, satisfechos tras la cena y el baile, se retiraron; algunos dormían en posadas, otros en las tiendas plantadas al pie de la roca. Para muchos, esto no era una solución de última hora, sino un hábito consolidado en sus largos viajes por el desierto, en los cuales no disponían de las comodidades típicas de la ciudad.

Yuften y su familia dormían en casa de un pariente lejano, que les había tendido unas esterillas en la terraza de su casa.

Sus padres y su hermano se habían dormido en seguida. En cambio, Yuften estaba inquieto, no podía conciliar el sueño, y no dejaba de volverse a un lado y a otro, con la imagen de Daishan en la cabeza. Sobre él, en el cielo, brillaban las estrellas, que dibujaban formas extrañas en la oscuridad. Intentó pasar el rato buscando las constelaciones que conocía e inventando nuevos nombres para las desconocidas. De pronto, oyó algo: un sonido, una música.

Parecía una flauta a lo lejos.

Yuften escuchó con atención, acunado por la dulzura de la melodía.

Y el sueño que perseguía hacía horas, de repente lo venció.

~*~

En el último piso del palacio real, sentada en la balaustrada de la gran terraza, la princesa Samah tocaba la flauta, con la mirada perdida en el desierto.

El instrumento pertenecía a su familia desde hacía generaciones; ella lo recibió del Rey Sabio en persona, con la promesa de mantener viva una tradición que duraba siglos.

Tocaba con los ojos cerrados, inspirada por sus pensamientos y el viento que le acariciaba el rostro.

Un gran búho se posó a su lado, y escuchaba encantado el sonido del instrumento.

Cuando la melodía terminó, una figura muy alta y esbelta se acercó a Samah. Ésta notó su presencia y abrió los ojos. Se apartó la flauta de los labios y, al ver quién era, sonrió.

—No quería interrumpirte, querida —dijo una voz.

—No me molestas, Abuelo.

Él se alejó de la única antorcha que alumbraba la terraza y se sentó junto a su nieta.

—Tocabas una melodía muy triste —comentó, y la miró con sus ojos profundos.

Ella bajó la mirada.

—Creía que te habías divertido con nuestro invitado —prosiguió el anciano.

—Es un personaje fascinante, pero hay algo en él que no me cuadra, es muy raro.

El Abuelo la observó pensativo.

—Hoy he escrito una historia —dijo—. Habla de una chica hermosa y afable, fuerte y valiente, capaz de hacer grandes cosas.

—Una mujer como pocas.

—Exacto. Pero a veces también es una chica triste, porque le falta lo más importante.

—¿El qué?

—El amor, querida. Es el ingrediente más importante de nuestra vida.

—Lo sé, Abuelo. Pero el amor no es como un fruto —respondió ella mirando un limonero—, no crece en los árboles.

—Te equivocas, precisamente es igual que un fruto: crece de forma espontánea e imprevisible donde menos te lo esperas. Piensa en nuestros famosos melocotoneros.

—Los plantó Helgi hace muchos años.

—Sí. Nadie aparte de él creía que pudiesen crecer melocotoneros aquí, en pleno desierto. Y ya ves…

—Se dice que Helgi es un mago.

—¿Un mago? No, querida. Sólo es una persona que ama la tierra, que la escucha y la respeta. Por eso todo lo que planta da fruto. En el Reino de los Hielos Eternos, creció un árbol extraordinario, el Gran Árbol, el único capaz de resistir el clima gélido de aquella tierra.

—El Gran Árbol… He oído hablar de él. ¿Cómo sobrevive al frío?

—Está protegido dentro de una cueva. Pero eso no es lo más extraordinario…

—¿No?

—No, la peculiaridad del Gran Árbol es que en sus ramas crecen flores y frutos de todo tipo.

La mirada de Samah se fijó más allá de la figura del Abuelo, perdiéndose en la oscuridad. Le habría encantado ver el Gran Árbol, a la pequeña Nives y a sus otras hermanas. Las echaba mucho de menos.

Algunos días, la nostalgia de su familia, tan lejana, la hacía sufrir. Otros días, además de la nostalgia, Samah notaba que le faltaba alguien con quien compartir las alegrías y preocupaciones de su vida en Rocadocre.

—Sé que a veces te sientes sola —dijo el Abuelo, leyéndole el pensamiento—, aunque nos tengas a mí, a Daishan, Armal y a toda la corte.

—No es cierto, soy feliz con vosotros.

—Encontrarás a tu amor, pequeña.

—De momento, no lo necesito —respondió ella, contrariada, pues nunca hablaba de sus emociones.

—Ya verás, llegará cuando menos te lo esperes.

El Abuelo besó a su nieta en la frente y se levantó.

—Espera un momento—lo detuvo Samah—. No me has dicho cómo termina la historia de la chica.

—Oh, no lo sé. Todavía no he escrito el final. Pero será una historia bonita, intensa y llena de aventuras, te lo prometo.

Ella sonrió. El sabio Amar, capaz de predecir tormentas cuando el cielo aún estaba sereno, tal vez notaba el cambio que se avecinaba en el interior de la muchacha.

11

El canto del gallo

El gallo del viejo Fadil, el hombre más anciano de Rocadocre después del Abuelo, cantó su quiquiriquí unos minutos antes de lo que era habitual.

Sólo lo advirtió su viejo dueño, que había entrenado al animal para que fuera puntual, y estaba muy orgulloso de ello. Cada día comprobaba la hora con unos relojes de arena automáticos que había inventado.

Con todo, aquella mañana el gallo cantó antes de tiempo, lo cual, según Fadil, no era un buen presagio.

Iba a ocurrir algo malo.

Como todos los días, en Rocadocre empezó a haber movimiento, y sus calles se llenaron de gente. Durante la noche habían llegado nómadas y habitantes de los oasis para intercambiar o comprar productos en el Mercado de las Arenas. ¡La población de Rocadocre se había doblado!

En el aire se olían los perfumes típicos del mercado: especias, esencias, maderas aromáticas, frutos secos, vapores de incienso. En los puestos montados en la plaza y las calles de los alrededores se exponían telas, joyas, utensilios de todo tipo, alfombras y hasta puertas de madera con espléndidos grabados, realizadas por los hábiles artesanos del desierto.

Entre aquel torbellino de aromas y colores, corría una chica envuelta en una capa, para que no la reconocieran.

Era Daishan.

Cuando llegó al final de la calle que desembocaba en la plaza, se apostó tras la esquina para mirar sin ser observada. La tarde anterior, con el pretexto de dar un paseo, recorrió palmo a palmo la ciudad con Armal, hasta encontrar el tenderete de la familia de Yuften, situado ante la Fuente de las Maravillas. Ahora quería darle una sorpresa al chico, y estaba muy impaciente.

Se había levantado muy temprano, se había puesto una túnica de seda color añil, y, tras coger unas monedas, había logrado salir y mezclarse con la multitud antes de que nadie la viera y le preguntase adónde iba tan temprano.

Daishan se asomó desde su escondite, y en seguida vio a Yuften. Observó sus ojos negros, agudos como los de un halcón, el rostro luminoso y la túnica oscura, la indumentaria de los hombres adultos.

La luz del día daba a la tez bronceada del chico un brillo muy especial. Mientras Daishan lo contemplaba, él alzó los ojos y la vio. Ambos se miraron en silencio, y

luego ella se retiró tras la esquina, con el corazón acelerado. Dio unos pasos para alejarse, cuando…

—¡Buenos días! —dijo Yuften, y se le plantó delante.

—Bue… buenos días —tartamudeó Daishan, sonrojándose hasta la punta de las orejas.

—No esperaba volver a verte tan pronto.

—Es que… he salido temprano porque… ejem… quiero comprar un regalo para mi prima Samah.

—¿Qué tipo de regalo?

Ella miró a su alrededor y vio las joyas expuestas en un tenderete cercano.

—Un collar.

—Me parece buena idea —respondió Yuften—. Si quieres, puedo enseñarte algunos.

—¡Perfecto! —exclamó Daishan, creyendo haber justificado su presencia en el mercado a una hora tan insólita.

Él la guió hasta el puesto donde estaban sentados su hermano y su madre.

—Buenos días, Daishan. Es un gran honor tenerte aquí —la saludó la madre.

Nuasef, más tímido, se limitó a sonreír.

—Daishan quiere regalarle un collar a la princesa Samah—explicó Yuften—. Vamos a enseñarle los mejores que tenemos, los de madera y plata.

Algo preocupada por las ocurrencias de su hijo, la madre asintió, se esforzó por sonreír y de una bolsa de tela roja sacó varios collares espléndidos.

—¡Son todos increíbles! —exclamó la joven, que los cogió uno a uno, dudando.

—Yo creo que éste es ideal para la princesa —sugirió Yuften, señalando un collar de cuentas de madera alternadas con gruesas anillas de plata repujada.

—Estoy de acuerdo. Le encantará. ¿Qué os debo?

—Nada —se apresuró a contestar él, deteniendo a su madre, que se mordió los labios para no exhalar un suspiro—. La princesa ha sido muy generosa con nosotros —añadió Yuften—, y es un placer hacerle este pequeño regalo.

—Pero… —la chica miró a la mujer, cuya piel estaba quemada por el sol, y a Nuasef, que miraba al suelo, cohibido.

—Mi hijo tiene razón, Daishan —dijo al fin la madre, e intentó no pensar en el valor de la joya—. Es una forma de agradecerle a la princesa su hospitalidad.

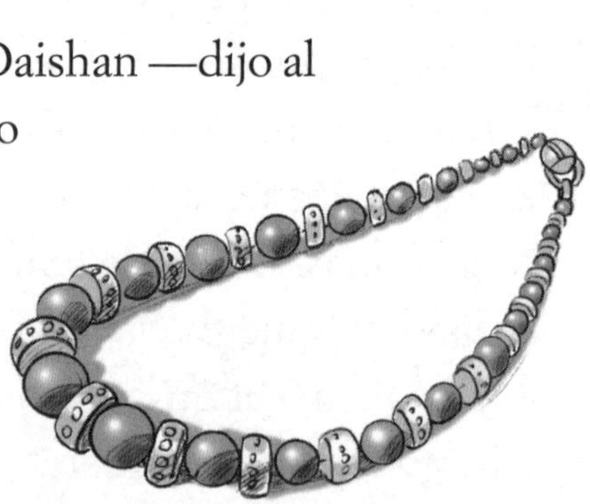

—En ese caso no insisto… Se lo contaré a Samah y se pondrá muy contenta.

Yuften le dedicó una sonrisa cálida y luminosa, como el día que acababa de comenzar.

—Oh, ahora debo volver a palacio —se despidió Daishan—. ¡Gracias por todo! —les dijo a la madre y al pequeño Nuasef.

—¡Vuelve pronto a vernos! —respondió la mujer.

—¿Puedo acompañarte? —le preguntó Yuften, y le tendió el collar en una bolsa de tela estampada, cerrada con un lazo de lino.

—Sí, gracias —dijo ella, y se guardó la bolsa.

La plaza estaba abarrotada de mercancías y personas, e, instintivamente, el chico cogió a Daishan de la mano para no perderla entre el gentío.

Ella lo miró sin decir nada. Se sentía protegida y feliz, y notaba algo insólito y emocionante en aquel contacto. Algo que no había sentido antes.

Al llegar a la puerta del palacio, el joven le soltó la mano.

—Qué pena, ya hemos llegado al palacio—dijo Yuften—. Cuando estoy contigo, el tiempo vuela.

—Sí.

—Sé que siempre te pregunto lo mismo, pero… ¿crees que volveremos a vernos? Yo sólo voy a estar aquí dos días más. Si quieres, me puedes encontrar en el puesto de mis padres, o en la casita de atrás. Es de unos parientes nuestros y dormimos allí.

El corazón de Daishan volvió de nuevo a palpitar con fuerza.

—A menos que tengas otros compromisos… —añadió Yuften, para no parecer excesivamente insistente, pero lo dijo con una sonrisa a la que Daishan no pudo resistirse.

—Ahora voy a ir a los baños con mi prima, pero puedo salir esta tarde. Tendré que avisarla, aunque no le diré que he quedado contigo. Creo que Samah no permitiría que me viese a solas con un desconocido.

—¿Para ti no soy más que un desconocido? —preguntó Yuften, frunciendo el ceño.

—Creo que sí —rió Daishan ante la reacción franca del joven—. Acabamos de conocernos, ¿no?

Él se mostró contrariado.

—Está bien, lo admito —prosiguió ella—: eres un desconocido muy atractivo… aunque bastante quisquilloso.

Yuften suspiró aliviado. Era impulsivo, y siempre decía lo que pensaba. Por eso Daishan lo encontraba tan interesante.

—Entonces ¿nos vemos a media tarde? —preguntó él para cambiar de tema.

—Allí estaré.

Y ambos jóvenes se separaron soñando con su próximo encuentro.

Desde lo alto del palacio, alguien había contemplado la escena y lo había oído todo.

12

Sueños rotos

Eran alrededor de las nueve de la mañana cuando Daishan llamó a la puerta de Samah.

—Adelante —dijo la voz de la princesa.

Su prima entró. Estaba radiante, sonreía y su paso alegre recordaba un baile.

Samah, todavía sentada en la cama, alzó una ceja, llena de curiosidad. Hacía tiempo que no veía a la chica tan entusiasmada y feliz.

—¡Buenos días, Samah! —la saludó Daishan, y le estampó un beso en la mejilla.

Esas manifestaciones de afecto sólo las daba su prima cuando estaba muy contenta, pensó la princesa…

«Algo se está cociendo», se dijo.

—Hoy estás alegre como un pajarillo —comentó—. ¿Has tenido un sueño bonito?

—Pues… —reflexionó Daishan, sonrojándose— se podría decir que sí.

—¿Puedo saber qué has soñado? —inquirió Samah, cada vez más curiosa.

—He soñado con un príncipe del desierto —contestó la joven, y sonrió.

—¿En serio? ¿Y cómo era? —preguntó su prima, a la que le gustaban mucho las historias románticas.

—Guapo y fuerte, con los ojos oscuros y orgullosos de un caballero.

—Un verdadero príncipe. Ahora sólo falta que se presente aquí a pedir tu mano…

—Ojalá lo haga pronto.

—¿No crees que sería mejor esperar? —sugirió Samah, con el corazón en un puño.

—¿Por qué?

—Porque eres muy joven, Daishan.

La chica bajó los ojos, y su pensamiento voló lejos.

En la habitación, los rayos de sol entraban por la ventana cuando la brisa apartaba las cortinas.

—Hoy hará mucho calor —comentó la princesa—. Bajemos a la cocina a tomar un poco de fruta antes de ir a los baños.

Los baños del palacio, reservados a la corte y a los invitados importantes, eran el reino del agua, el vapor y los barros relajantes, que aliviaban los dolores y devolvían el bienestar y la salud.

—Muy bien —respondió Daishan. Tocó la bolsa con el collar, oculta en su túnica, pero decidió que aún no era el momento de dárselo a su prima.

Samah se lavó la cara en la jofaina colocada sobre la mesa, se secó con una tela de lino blanco y se puso un pantalón y un corpiño color turquesa.

—Podemos irnos —dijo, tras recogerse el pelo con un lazo que se perdió en la negrura de su abundante cabellera.

Las dos chicas bajaron por la amplia escalera y cruzaron el primer piso, lleno de salones. Uno de ellos, la Sala de la Bóveda Celeste, era el preferido de Samah. Era una estancia enorme, y su bóveda estaba decorada con una maravillosa reproducción de un cielo estrellado. Desde pequeña, le gustaba tumbarse en el suelo de ese salón y observar el techo hasta grabarse en la memoria la posición de las estrellas. Por la noche, se divertía buscándolas en el cielo real, aunque algunas no se veían. Cuando le preguntaba al Abuelo por qué ocurría, él le explicaba pacientemente las leyes de la astronomía.

Eran recuerdos dulces, que aparecían siempre que entraba en la Sala de la Bóveda Celeste, o cuando pasaba por delante, como aquel día.

Las jóvenes bajaron un piso más; la cocina ocupaba un gran espacio en la planta baja del palacio, junto a la despensa en la que se conservaban los alimentos y el molino donde molían harina para toda la ciudad.

Al otro lado del pórtico, que en las horas más calurosas protegía la cocina de los rayos del sol, trabajaban diez personas. Al ver a Samah y a Daishan, todos les prodigaron mil atenciones.

Las dos primas tomaron un desayuno ligero a base de dátiles y fruta del tiempo. Samah notó que Daishan

estaba demasiado pensativa.

—Daishan, no te enfades. Tus sueños se cumplirán, estoy segura. Debes tener paciencia.

La chica lo sabía muy bien, pero la paciencia no era una de sus virtudes. Pensar en Yuften la alteraba. Habría dado cualquier cosa por acelerar el recorrido del sol y anticipar su encuentro con el joven. La sonrisa de Yuften le hablaba a su corazón, como si fuera la más dulce de las melodías… Pero de momento sólo podía esperar, y se dijo que una sana reflexión entre las aguas calientes de los baños le sentaría muy bien.

13
Los baños

Antes de acceder a los baños, tenían que entrar en una sala con una bañera oval llena de agua templada. Samah y Daishan se pusieron túnicas cortas de algodón blanco, se sumergieron por turnos en la bañera y se secaron con dos telas de lino.

Luego se dirigieron al *tepidarium*, una gran sala con aire caliente y levemente húmedo. A ambos lados de la misma corría agua hirviendo bajo una reja que calentaba los largos bancos cubiertos de mosaico. En el centro había varias fuentes con surtidores, que recreaban los sonidos de la naturaleza.

Las dos chicas se sentaron en un banco.

El silencio absoluto que las rodeaba estaba lleno de ideas y pensamientos.

—Samah, si te parece bien, esta tarde iré al mercado.

—Muy bien. ¿Te acompañará Armal?

—Puedo ir yo sola.

—Claro que puedes, pero estarías más segura con tu hermano, ¿no crees?

—¿Desde cuándo tengo que ir con guardaespaldas? —replicó la joven.

—¿Y desde cuándo te interesa tanto el mercado?

—Hay muchas cosas nuevas y bonitas.

—Ya. —La princesa respiró hondo—. Daishan, hagas lo que hagas, recuerda siempre quién eres. Mi padre, el Rey Sabio, siempre me lo decía. Me lo repitió al explicarme que debía vivir aquí, separada de mis queridas hermanas, para gobernar este reino.

—Te debiste de sentir muy triste.

—Al principio, sí. Pero una princesa debe ver más allá de sus sentimientos, y pensar en el bien de su pueblo. Entonces me dije que debía aceptar mi misión y estar a la altura de mi responsabilidad, por mucho que me costara.

Se levantó para dirigirse al *caldarium* y Daishan la siguió en silencio, mientras pensaba en su consejo.

Allí la temperatura era más alta. Una criada ayudó a la princesa y a su prima a frotarse el cuerpo con un jabón especial, hecho con hojas de palmera. Luego, se sentaron en unos taburetes de madera y apoyaron la espalda en la pared caliente.

—¿Las echas de menos, verdad? —preguntó Daishan de repente.

—¿A quiénes?

—A tus hermanas.

—Muchísimo. Pero no podemos estar juntas; debemos respetar la norma por el bien de todos. A menos que…

Las palabras murieron en su boca.

—¿A menos que…? —la incitó su prima.

—A menos que ocurra algo muy grave.

—Y si ocurriera algo así, ¿cómo os comunicaríais? Los Cinco Reinos están muy alejados unos de otros.

—Ya lo sé. —Samah reflexionó un instante, y luego decidió hablar—. Hay cosas que nunca te he contado, Daishan. Lo he hecho para protegeros a ti y a tu hermano, pero ahora ya sois mayores y debéis saberlo todo.

La chica escuchaba con atención.

—Existen pasadizos secretos que sólo conocemos las princesas —continuó Samah—. Esos pasadizos llevan de un reino a otro con gran rapidez. Pero prometimos usarlos sólo en caso de peligro.

—Pasadizos secretos… ¡Genial! Cuando se entere Armal querrá explorarlos.

—No es un juego, Daishan. Sólo debemos utilizarlos en caso de necesidad.

—¿No quieres decirme dónde están?

—No puedo romper la promesa que le hice a mi padre hace años. Además, pondría en peligro mi reino.

—Al menos dime cuántos son.

Había tanta luz en los ojos de su prima que Samah no pudo resistirse. Además, se dijo, dar esa información no comprometía la seguridad de los pasadizos.

—Dos. Hay uno para entrar en el Reino del Desierto y otro para salir de él.

—¿Y es igual en cada reino? —preguntó la joven con gran curiosidad.

—Creo que sí.

—Y nuestros pasadizos… ¿con qué reinos comunican?

—¿No crees que haces demasiadas preguntas, Daishan?

—Tal vez, pero si un día tú no estás en Rocadocre y el reino corre peligro, ¿cómo voy a protegerlo?

—Muy astuta, lo reconozco. Pero no te lo voy a decir. Vamos, es hora de ir al *frigidarium*.

Los baños

En la última sala había una piscina enorme, llena de agua templada, donde las chicas se sumergieron hasta el cuello.

—Samah, ¿estás segura de que no quieres contarme nada más? ¡Por favor!

—¡Qué curiosa eres! —La princesa dejó flotar su cuerpo un rato antes de decidirse a proseguir—. Está bien: el primer pasadizo, el de entrada, lleva al Reino de los Corales, gobernado por Kalea, la segunda de mis hermanas por orden de edad.

—¿Cómo es Kalea?

—Muy guapa. Tiene el pelo largo y rojo, y grandes ojos verdes. Es la chica más dulce que conozco, siempre está alegre y es muy bondadosa.

Se le llenaron los ojos de lágrimas.

—Perdona, no era mi intención entristecerte —se disculpó Daishan, mordiéndose el labio.

—No pasa nada, Daishan, me gusta hablar de mis hermanas. ¿Recuerdas la Fuente de las Maravillas, la de la plaza?

—Sí.

—Las conchas que decoran la pila son del Reino de los Corales. Cada vez que las veo, pienso en Kalea.

Samah hizo una pausa, y luego continuó:

—Y hay otros objetos importantes que representan la unión entre los reinos. Para nosotras, que somos hermanas, no es fácil vivir tan lejos, y esos objetos nos mantienen unidas.

—¿Y qué objetos son?

—Cada cosa a su tiempo, Daishan. La impaciencia no conduce a ningún lado.

—¿Es otra frase de tu padre?

—No, ésta es mía.

Las dos se echaron a reír.

—Está bien, pero… —Daishan volvió otra vez al ataque— dime algo del segundo pasadizo, el de salida.

—Conduce al Reino de los Bosques, gobernado por Yara, la más joven de mis hermanas.

—Para ella debe de ser peligroso vivir allí sola.

—¡Oh, no! No está sola, tiene su corte. Además, Yara es fuerte como un tigre.

—Entonces se llevaría bien con Armal. Quién sabe, tal vez un día se conozcan.

La mirada de Samah se perdió en la superficie inmóvil del agua. Pensar en su familia la ponía melancólica.

—¿He dicho algo malo?

—No, en absoluto. Has dicho una verdad: un día, todos nos reuniremos. Y será un día muy feliz.

~*~

Samah y Daishan salieron del *frigidarium* y entraron en una sala más pequeña, donde las esperaban dos chicas junto a un par de camillas.

Las dos primas, con la piel impregnada de aceites y esencias aromáticas, recibieron vigorosos masajes.

Pasaron más de una hora en silencio. Cada una pensando en lo que habían hablado: la princesa recordó a sus hermanas, que deseaba que estuvieran bien y fueran felices; Daishan fantaseó con los pasadizos secretos y los reinos a los que conducían.

Cuando salieron de los baños, ambas tenían la mente serena y la piel suave y perfumada.

—Samah…

—¿Sí?

—Gracias por haberme contado tantos secretos.

—Lo he hecho de corazón, Daishan. No olvides que he depositado mi confianza en ti; no me traiciones.

—Puedes confiar en mí. Cambiando de tema, ¿te importa que vaya al mercado esta tarde? —insistió.

—Está bien. Pero ten cuidado, por favor.

Samah miró a su prima, que corría por la escalera en dirección a su cuarto, y pensó en lo que le había contado. ¿Por qué lo había hecho, después de guardar el secreto en su corazón durante tantos años?

Tal vez porque sentía que Daishan había crecido, y que ya podía asumir responsabilidades.

Al confiarle secretos tan importantes, ponía a prueba su madurez, o eso era lo que Samah creía.

Aunque lo cierto era que, en su fuero interno, los secretos le pesaban, y contárselos había sido un alivio.

Sin embargo, se sentía inquieta. Intentaba justificar las confidencias que le había hecho a su prima, pero no se sentía tranquila.

¿Había sido imprudente?

La responsabilidad de un reino era algo muy serio, y ella lo sabía muy bien. Gracias a su carácter prudente, era una princesa juiciosa, pero en algunos momentos de incertidumbre se sentía sola… momentos en los que necesitaba un apoyo, un punto de referencia. Cuando no sabía qué decisión tomar, deseaba tener a su lado a alguien que le dijera lo que debía hacer.

Pensando en todo ello, Samah suspiró.

Entre tanto, Daishan había subido volando dos pisos, y se encontró con el Abuelo.

—¿Adónde vas tan de prisa, pequeña?

—A vestirme. Esta tarde voy al mercado.

El Abuelo no dijo nada, aunque vio una chispa de emoción en los ojos de la joven.

—Sé prudente —le aconsejó, poniéndole una mano en el hombro.

14

El objeto misterioso

Rubin Blue se levantó temprano para ir al Mercado de las Arenas. Buscó en todos los puestos y preguntó a todo el mundo, pero no halló ni rastro del objeto misterioso.

Por la tarde, volvió a palacio y empezó a pensar qué podía hacer. Paseaba inquieto por su habitación, arriba y abajo, dejando fluir sus pensamientos. Había ido a Rocadocre convencido de que allí encontraría lo que buscaba. Sin embargo, tras inspeccionar el mercado y no ver ni una sola pista, sus certezas empezaron a vacilar.

¿Y si la persona que le había hecho el encargo no le había dado las indicaciones adecuadas?

Tal vez el objeto estuviera escondido, o quizá estaba en el mismo palacio.

No podía rendirse; encontrar aquel objeto era fundamental, no debía apartarse de su objetivo. Pensó por tanto que debía buscarlo dentro del palacio.

Rubin bajó al patio. Mientras caminaba bajo los pórticos, oyó una voz:

—... ten cuidado, por favor.

Era la princesa Samah. Perfecto. ¿Quién mejor que ella para darle más información?

Corrió hasta alcanzarla.

—¡Rubin Blue! Creía que estaríais en el mercado —exclamó la joven, sorprendida al verlo en palacio a esa hora. Si debía conseguir un objeto, como había dicho la noche anterior, ¿por qué no lo estaba buscando?

Samah lo miró atentamente: sólo llevaba la casaca y un pantalón holgado. Sin la chaqueta de viaje parecía más delgado y más joven.

—Vengo de allí —respondió él.

—¿Ya habéis encontrado lo que buscabais?

—Aún no, princesa. Por eso quería preguntaros si puedo quedarme una noche más.

—Por supuesto, consideraos en vuestra casa.

—Sois muy amable. Permitidme que os diga que éste es el palacio más bonito que he visto en mi vida.

—Gracias, Rubin. Es un honor que lo diga un viajero como vos. Seguro que habéis estado en lugares maravillosos —contestó Samah, e intentó imaginar la vida del joven, poco mayor que ella. Pensó: «Quién sabe lo que se sentirá al llevar una vida llena de aventuras y sin raíces. Quizá Rubin, a veces, también se sienta solo».

—Os aseguro, princesa —prosiguió el joven, con un extraño brillo en la mirada—, que vuestro palacio tiene algo distinto a los demás. No es sólo su hermosa arquitectura o la belleza de sus salones. Hay algo más, algo insólito, un ambiente muy peculiar que me cautivó desde el primer momento. Es como si aquí hubiera algo mágico.

Samah lo miró sin decir nada, y Rubin decidió ir al grano:

—Decidme, princesa, ¿qué hace de Rocadocre un lugar tan especial?

Su mirada azul la hipnotizaba. Cuando logró sobreponerse, le hizo una seña.

—Venid, Rubin. Lo veréis con vuestros propios ojos.

Y lo guió a través de los salones del primer piso: la Sala de la Rosa del Desierto, la Sala del Rey Rinoceronte, la del Surtidor, la de la Flor Roja, la del Oasis Imaginario y la de las Montañas Encantadas. Cada espacio estaba decorado con frescos que ilustraban el tema de la estancia. Rubin se quedó asombrado al ver tanta belleza, y se sintió especialmente impresionado ante la Sala de la Bóveda Celeste.

—¡Os felicito! —exclamó—. Pero aún no habéis respondido a mi pregunta, princesa.

Ella lo miró, sonriendo. Sabía que no iba a librarse tan fácilmente de la curiosidad del extranjero.

—¡Seguidme!

Y guió a su invitado hasta la azotea del último piso del palacio, desde donde había unas fabulosas vistas del desierto y las montañas.

—Ya veis, Rubin, éste es el palacio de Rocadocre. Podéis contemplarlo entero, como el desierto que se extiende a vuestros pies. Volviendo a vuestra pregunta, el secreto de Rocadocre consiste en que… ¡no hay ningún secreto!

—Comprendo. —Él miraba a lo lejos. Sus ojos habían perdido la luz de antes, y parecía decepcionado y afligido—. Debe de ser casi imposible acceder a esas montañas —comentó, intentando disimular su amargura.

—Sí. Son las Laderas Desoladas, un lugar muy peligroso. Es mejor no ir por allí.

—¿Por qué? —preguntó el joven.

—Según dicen, allí aún hay mucha magia.

—¿Magia? —repitió Rubin, sobresaltado—. Qué interesante…

—¡En absoluto! —exclamó la princesa—. Tenéis que creerme: de todos los que han ido hasta allí, pocos han vuelto satisfechos. En realidad —añadió, para disuadirlo por completo—, la mayoría no han vuelto. La magia de las montañas solamente permite subir indemnes a los miembros de la familia real.

—Comprendo. No exploraré las Laderas Desoladas.

—Muy bien, Rubin, habéis comprendido el mensaje. Y ahora es mejor que bajemos.

Él esbozó una sonrisa, aunque no estaba satisfecho. En realidad, la princesa no le había dicho nada importante, y él tampoco había visto nada peculiar en su recorrido por el palacio. Los salones eran muy bonitos y suntuosos, pero no creía que ocultaran algo realmente valioso.

—Si os apetece, Rubin, os invito a cenar conmigo.

—Os lo agradezco, princesa, pero el día ha sido muy largo. Esta noche necesito dormir muchas horas.

—Como prefiráis —respondió ella, en un tono más formal.

—Hasta pronto, Samah.

Rubin Blue le cogió una mano y se la besó, mirándola con sus ojos color de mar. Luego se fue.

Ella no dijo una sola palabra.

El modo en que había pronunciado su nombre, sin añadir el título de princesa, y aquella mirada azul le produjeron una sensación muy rara.

Era un joven misterioso y fascinante, no se podía negar. Pero tenía un lado esquivo que la hacía sentir bastante incómoda.

~*~

Rubin entró en su habitación decepcionado e insatisfecho. No había conseguido nada, y tenía que seguir buscando… pero ¿dónde? En el palacio no había nada.

Resonaban en sus oídos las palabras de la princesa Samah: «Aquí no hay ningún secreto». De pronto, recordó el perfil lejano de las Laderas Desoladas. Según decía la joven, allí todavía quedaban rastros de magia.

Una intuición iluminó los ojos de Rubin Blue: haría un último intento antes de regresar.

Había tomado una decisión: desafiaría las prohibiciones y subiría a las Laderas Desoladas.

15
Una propuesta de viaje

Yuften y Daishan recorrieron las calles de Rocadocre cogidos de la mano, como si el destino los hubiera unido. Rieron, comentaron escenas divertidas, observaron objetos raros y, bajo los reflejos anaranjados del atardecer, visitaron en secreto el maravilloso jardín de palacio.

—¡Es un lugar increíble! —exclamó Yuften, mirando a su alrededor.

—¡Chist! Habla en voz baja o nos descubrirán —lo regañó Daishan.

Había albaricoqueros en flor, palmeras con dátiles, jazmines, glicinias enroscadas en gigantescas magnolias y, naturalmente, el majestuoso baobab de tronco rojo.

—Nunca había visto un árbol como éste —dijo Yuften, anonadado.

—Sí, es muy raro.

—El tronco es enorme, dentro cabe más de una persona.

Ella se acercó al árbol, donde había una grieta, y miró dentro. De pronto, saltó hacia atrás.

—¿Qué ocurre?

—He oído un ruido. Tal vez un animal escondido en el tronco.

—Es muy posible. Debe de ser un refugio perfecto… ¡para murciélagos gigantes!

—¡No me tomes el pelo! —se quejó Daishan, empujándolo un poco.

—Está bien —rió Yuften—. Mañana vendré a cazarlo.

Juntos prosiguieron hacia el melocotonar, el lugar más encantador del Reino del Desierto.

—Es raro que puedan crecer estos árboles en pleno desierto —comentó Yuften, y recogió del suelo uno de los famosos melocotones de Rocadocre.

—Un hábil jardinero los plantó. Descubrió unos manantiales subterráneos y decidió aprovecharlos.

—¿Tú lo conoces?

—No, sólo sé que se llama Helgi y que ahora vive muy lejos, en el Reino de los Hielos Eternos.

—¿Y quién cuida de estos frutales?

—La propia tierra… y mi prima, claro. Creo que, en parte, los mantiene vivos su amor. —Luego recordó una de las historias del Abuelo, y añadió—: Dicen que, hace mucho tiempo, alguien intentó robar una de las plantas del jardín. En cuanto la sacó de Rocadocre, la planta empezó a secarse y fue muriendo lentamente.

—¿En serio?

—Sí, creo que estas plantas sólo pueden vivir aquí.

—¿Y tú? —La miró a los ojos—. ¿Podrías vivir en otro lugar?

—Creo que sí. ¿Por qué me lo preguntas?

—Porque me iré muy pronto, Daishan, tendré que volver a mi aldea. Eso significa que no nos veremos… hasta el año que viene.

—¿Dónde está tu aldea?

—En el norte, en la frontera con la Verde Llanura.

—¿Y qué vamos a hacer? —preguntó ella, pensando en lo lejos que estaba.

—Pues… podrías venir conmigo y con mi familia.

—¿A tu aldea?

—Sí, podrías venirte con nosotros cuando termine el mercado. Estoy seguro de que mis padres se alegrarían. Para ellos sería una oportunidad irrepetible, y así podrían corresponder a la hospitalidad con que los han recibido en Rocadocre durante todos estos años. Y para ti… para ti sería un viaje muy bonito, ¿no crees?

—No… no lo sé, Yuften.

—Daishan, ¿qué te ocurre? Sólo es un viaje a la Verde Llanura. Piénsalo: saldremos de Rocadocre e iremos bordeando el Río de los Espejismos… Si tenemos suerte, avistaremos las ciudades reflejadas de las que habla la leyenda…

—Me encantaría, pero…

—Daishan, ven conmigo. Te enseñaré mi casa, mi aldea. Y luego, si quieres, le pediremos permiso a mi padre para ir hasta el mar, en la frontera del reino. El mar, Daishan, es el aliento del infinito… ¡Es la libertad en estado puro!

—¿El mar? Pero yo…

—Oh, Daishan, hazme caso. Cree en mí, será increíble.

Ella guardó silencio, indecisa y confusa. Yuften le acarició la mejilla con la mano y le sonrió.

—Tienes mi palabra de que volverás a Rocadocre con tu familia y tus amigos. Sólo será un viaje, no temas... Aunque yo te llevaré para siempre en mi corazón.

Yuften vio que la muchacha lo miraba insegura y triste. Se mordió el labio y comprendió que corría demasiado. No era la primera vez que se dejaba llevar por su carácter impetuoso, y estaba claro que la había asustado.

Había sido una desfachatez hablarle de ese modo a una chica de sangre real. A saber qué pensaría Daishan de una propuesta tan impulsiva. Ella, que lo tenía todo, ¿cómo iba a aceptar la hospitalidad de un comerciante? Sólo hacía dos días que se conocían. Además, aunque Daishan confiara en él, la princesa no la dejaría marchar; y de haber estado en el lugar de Samah, él habría hecho lo mismo. Por si fuera poco, al hacer su descabellada propuesta, había implicado a sus padres, como si éstos apoyaran el viaje. Pero la idea era sólo suya, se le había ocurrido en un momento de ofuscación, movido por el terror a perder a Daishan.

Ahora ya estaba dicho, no podía volver atrás; sólo le quedaba intentar arreglarlo.

—Perdóname, Daishan, he hablado demasiado. No sé qué me ha pasado, he dicho cosas sin sentido. No tomes en serio todo lo que sale de mi boca.

Ella estaba muy nerviosa. Por un lado, la proposición la atraía; por otro, la preocupaba. En tales circunstancias no era capaz de reflexionar, de modo que contestó con frialdad y le dio la espalda.

—Ahora tengo que volver. No quiero que Samah se preocupe.

Yuften, impresionado por su gélido tono de voz, la cogió del brazo con delicadeza.

—Te acompaño.

—Está bien.

Ambos anduvieron del jardín al portalón en silencio absoluto. Los dos iban pensando en lo que se habían dicho.

Yuften temía haberse comportado de forma impulsiva y atolondrada, y Daishan se arrepentía de haberse mostrado indecisa.

—Por favor, al menos piensa en ello —le pidió él al llegar junto a la puerta.

—No sé, Yuften… Lo intentaré. Buenas noches.

El joven se despidió con la mano, mientras el portalón de iroko se cerraba pesadamente.

Daishan subió la escalera con el corazón desbocado.

Al llegar a su habitación, cerró bien la puerta y se tumbó en la cama. Por las ventanas entraba el viento fresco del atardecer. Un pequeño insecto se posó a su lado, pero ella no llegó a verlo, porque se durmió rápidamente.

Entonces, el insecto abrió las alas y alzó el vuelo hasta la almohada, junto al oído de Daishan.

Si alguien hubiera reconocido al coleóptero azul cobalto que susurraba una extraña cantinela durante el sueño de la muchacha, habría comprendido que en el Reino del Desierto, al igual que había ocurrido en el Reino de los Hielos Eternos y en el de los Corales, iba a suceder algo terrible.

Pero en ese momento nadie podía impedir que la historia siguiera su curso.

16

La respuesta

A la mañana siguiente, Daishan se despertó muy temprano y de buen humor. Aunque hubiera visto la peor tormenta de arena en el horizonte, habría exclamado: «¡Qué día tan magnífico!».

Poco antes de que despertara, el pequeño coleóptero azul se había alejado. Durante la noche, había poblado los sueños de la chica con voces e imágenes muy concretas, para dirigir su voluntad hacia donde él quería.

—Buenos días, buenos días —repetía Daishan a todos los que encontraba en el palacio.

Ese entusiasmo despertó la curiosidad de Ajar, el guía oficial de la corte, quien a pesar de su carácter esquivo y taciturno decidió preguntarle a la joven por qué estaba de tan buen humor.

—¿Acaso no puedo ser feliz sin más, Ajar? —respondió Daishan, y empezó a dar vueltas.

Él la observó con sus ojos oscuros y perspicaces; veía algo raro en su inesperada alegría. De todos modos, era una chica joven e impulsiva, y tal vez no hubiera de qué preocuparse.

—Si ves a mi prima Samah —prosiguió ella—, ¿puedes decirle que he salido? ¡Gracias!

—Está bien, Daishan.

Y la vio dirigirse a la puerta principal del palacio canturreando una melodía.

~*~

Daishan se sentía ligera como una mariposa mientras recorría las calles, y percibía los colores y aromas de Rocadocre con una intensidad que jamás había sentido antes.

En pocos minutos, llegó al puesto de la familia de Yuften. Con la ayuda de su hermano, el chico estaba colocando los últimos artículos sobre una tela bordada.

—Disculpad, ¿podríais atenderme? —pidió Daishan, intentando disimular su voz—. Quisiera comprar uno de vuestros preciosos collares.

Yuften alzó los ojos y vio su sonrisa radiante.

—¡Daishan! —exclamó—. ¡Cuánto me alegro de volver a verte!

Nuasef lo observó con una sonrisa irónica. Sus padres intercambiaron una mirada de preocupación.

—Pasaba por aquí —dijo ella—, y se me ha ocurrido acercarme a saludarte…

Yuften sabía cuán improbable era que la prima de la princesa Samah pasara por el mercado, sobre todo a aquella hora de la mañana.

—Has hecho bien. ¿Te apetece pasear un poco?

—Sí, gracias.

—En seguida vuelvo —les dijo Yuften a sus padres.

—Está bien, pero no tardes —recalcó su madre.

Daishan se despidió y se alejó con él. Tras doblar la esquina, ambos se cogieron de la mano y anduvieron despacio, como si quisieran ralentizar el tiempo. Cada uno miraba a su alrededor, inmerso en sus pensamientos.

Daishan estaba muy nerviosa; se había despertado convencida de que Yuften era su príncipe del desierto, de que debía acompañarlo a su aldea. Y ahora quería decírselo.

—Oye, Yuften…

—Sé lo que quieres decirme. Yo también he pensado en lo de ayer. Me equivoqué al hablarte de ese modo. Tu vida está aquí, en la corte, con tu familia. Me doy cuenta de que pedí demasiado, era una idea absurda. No sé cómo se me ocurrió. Perdóname, por favor.

—Espera —lo interrumpió ella.

Yuften contuvo el aliento. Creía que Daishan no lo había tomado en serio el día anterior y que iba a rechazarlo otra vez.

—Yo… acepto tu ofrecimiento —dijo la chica, sorprendida de sus propias palabras.

—¿Aceptas? —preguntó él, y se quedó sin aliento.

—Sí, pienso marcharme con tu familia cuando termine el mercado. Quiero viajar, siempre he vivido en Rocadocre y nunca he ido más allá del Desierto de los Susurros. En este reino sólo he visto arena y rocas.

Él tragó saliva. La decisión de Daishan lo había dejado sin habla.

Instintivamente, la abrazó, y fingió que sólo se sentía feliz y agradecido, cuando en realidad casi no podía respirar; la conmoción era tan grande como el temor.

—Vamos a ver a la princesa —sugirió—. Tenemos que decirle que nos vamos.

—No, Yuften. Primero hablaré yo a solas con ella, es lo mejor.

—Como quieras. Tú la conoces mejor. Que tengas suerte.

La chica echó a correr, y desapareció tras la esquina de un edificio.

Yuften no podía creer que su sueño se hiciera realidad.

17

La prima mayor

La princesa Samah se despertó inquieta. Había soñado algo que no recordaba bien, pero estaba segura de que no era un sueño.

El viento, aquel aire ardiente que ralentizaba los movimientos y cortaba la respiración, no la ayudaba a calmarse. El Abuelo siempre decía que un viento tan caliente no podía traer nada bueno.

Con el fin de alejar su extraña aprensión, decidió pasar el rato en el jardín. Llevaba la cesta con los utensilios de jardinería y unos guantes, y empezó con un cactus de flores de un rojo encendido.

—Qué dura es esta tierra —le dijo a la planta—. Voy a removerla, o ahogará tus pequeñas raíces.

La prima mayor

Había aprendido de Helgi a cuidar de las plantas. Cuando era pequeña, el misterioso jardinero vivió una temporada en Rocadocre, hasta asegurarse de que el jardín crecía esplendoroso. Cuando se fue, unos hombres que habían trabajado con él años atrás le regalaron unas semillas muy raras para agradecerle el extraordinario melocotonar que había plantado en Rocadocre, aunque algunos dijeron que lo hicieron para compensar el frío recibimiento que le habían dispensado en aquella época.

Entonces Samah era una niña, y aquel hombre tan hábil con las semillas y las plantas despertaba su curiosidad. Helgi le enseñó lo importante que era hablarles a las flores, pues, aunque ellas no pudieran responder, las palabras las alimentaban, igual que sucedía con los seres humanos.

Mientras la princesa recordaba aquellos tiempos lejanos, vio una sombra proyectada en el suelo y se volvió. Era su prima, que se acercaba radiante.

—¡Hola, Daishan! ¿Quieres echarme una mano?

—Claro que sí —respondió la chica.

Cogió un rastrillo de madera y empezó a amontonar las hojas caídas. Trabajó unos minutos concentrada y sin decir nada.

—¿Sabes, Daishan?, he estado pensando en ti y en tu hermano —dijo Samah—. Ahora ya sois mayores.

Su prima permaneció en silencio, esperando que Samah continuara.

—Debe de ser este viento, que trae extraños presagios… —prosiguió la princesa—, pero si un día me ocurriera algo…

—¡No digas eso, Samah!

—Podría ocurrir. Por eso creo que deberías conocer otro secreto que guardo desde hace tiempo.

—¿Te refieres a algo más secreto que los pasadizos entre los reinos?

Samah suspiró y se quedó pensativa.

—Hay un objeto escondido en las Laderas Desoladas —dijo al fin.

—¿Un objeto?

—Sí. Es una lámina de plata pequeña y fina, de un valor incalculable para nuestro reino.

—¿Por qué?

—No importa. Si me pasara algo, tú y tu hermano debéis ir a buscarla y llevársela al Abuelo. Él sabrá qué hacer con ella.

—¿Y dónde está?

—En lo alto de la segunda cima según vas subiendo. Hay cinco piedras colocadas en círculo para señalar el lugar. La lámina está bajo la piedra situada al sur, que corresponde al Reino del Desierto.

—¡Eh!, parece la búsqueda del tesoro.

—No te lo tomes como un juego, Daishan. Y recuerda que la lámina de plata es un objeto muy valioso.

La chica asintió. Se alegraba de que Samah le hubiera revelado el secreto, aunque no le hubiese dicho para qué servía el objeto. Su prima confiaba en ella, y eso era lo más importante para Daishan.

Pero había un detalle en el que ninguna de las dos había reparado: un pequeño coleóptero azul cobalto estaba posado en una hoja de hibisco.

Cuando una ráfaga de viento movió las hojas, el insecto alzó el vuelo y abandonó el jardín. Estaba muy satisfecho con lo que había oído.

~*~

La prueba de confianza de su prima animó a Daishan a contarle su proyecto.

—Esta mañana he dado un paseo por el mercado. Iba a avisarte, pero estabas durmiendo y no he querido molestarte.

—¿Otra vez al mercado? ¡Debe de ser muy interesante este año! —exclamó la princesa con alegría, sin sospechar nada.

Daishan pensó que era el mejor momento para darle el collar que le había comprado. Dejó el rastrillo y se acercó a ella.

—En esta bolsa hay una cosa para ti.

—¿En serio?

—Sí, ábrela.

Samah se quitó los guantes y cogió la bolsa. Cuando sacó el collar, sus ojos brillaron, y sus labios esbozaron una sonrisa de asombro.

—Gracias, Daishan. ¡Es precioso!

—¿Te gusta?

—Muchísimo. Ayúdame a ponérmelo.

La chica miró la joya en el cuello de su prima y se alegró de haberla elegido: ¡le quedaba de maravilla!

Luego, las dos acabaron su tarea en el jardín, dejaron las herramientas y se dirigieron a sus habitaciones.

acias a la ayuda de los habitantes de la ciudad, el palacio Rocadocre se pintó en menos de una semana.

Los colores se obtuvieron de productos naturales, como flores y especias. El resultado es un arco iris de tonos cálidos que ilumina la mirada.

Los secr
de Sam

Gracias a la ayuda de los habitantes de la ciudad, el palacio de Rocadocre se pintó en menos de una semana.

Los colores se obtuvieron de productos naturales, como flores y especias. El resultado es un arco iris de tonos cálidos que ilumina la mirada.

Los secretos
de Samah

La espiral representa el agua...

Las puertas del palacio de Rocadocre son de madera de iroko. Llevan grabados dos símbolos: una espiral, símbolo del agua, y una cabeza de rinoceronte, emblema de fuerza y poder.

Mi Abuelo es un hombre muy sabio. Una vez, salvó nuestro huerto de una invasión de insectos. ¿Cómo lo hizo?

Usó un antigu reclamo para atraerlos, y lc guió hasta un oasis cercano.

Éstos son mis primos: Daishan y Armal. Son valientes e intrépidos, y tienen mucho carácter.

Mi yegua *Amira* es estupenda.
Es mi inseparable compañera
de aventuras, y también una magnífica
guía en la inmensidad del Desierto
de los Susurros.

Las babuchas son el calzado más común en el Reino del Desierto. Yo tengo treinta pares, aunque me encanta quitármelas y andar descalza.

¿La reconocéis?
Sí, mi hermana Nives tiene una igual en su habitación. A primera vista, parece una alfombra normal, pero en realidad es un objeto muy especial...

Rocadocre se construyó a gran altura para resguardarla de las tormentas de arena del desierto.

La Fuente de las Maravillas proporciona agua cristalina a la ciudad. ¿Sabéis de dónde proceden las conchas que decoran la pila? ¡Del Reino de los Corales, naturalmente!

Alrededor de la plaza de Rocadocre hay casas altas y estrechas de paja y barro.

Todos los hombre
nacidos en el
Reino del Desierto
llevan turbante.
POST

Bienvenidos a la Academia del Reino del Desierto, un lugar fascinante y misterioso...

El símbolo de la Academia parece producto de la fantasía, pero mi padre me contó que en un rincón perdido del reino existen palmeras de las que se obtiene papel.

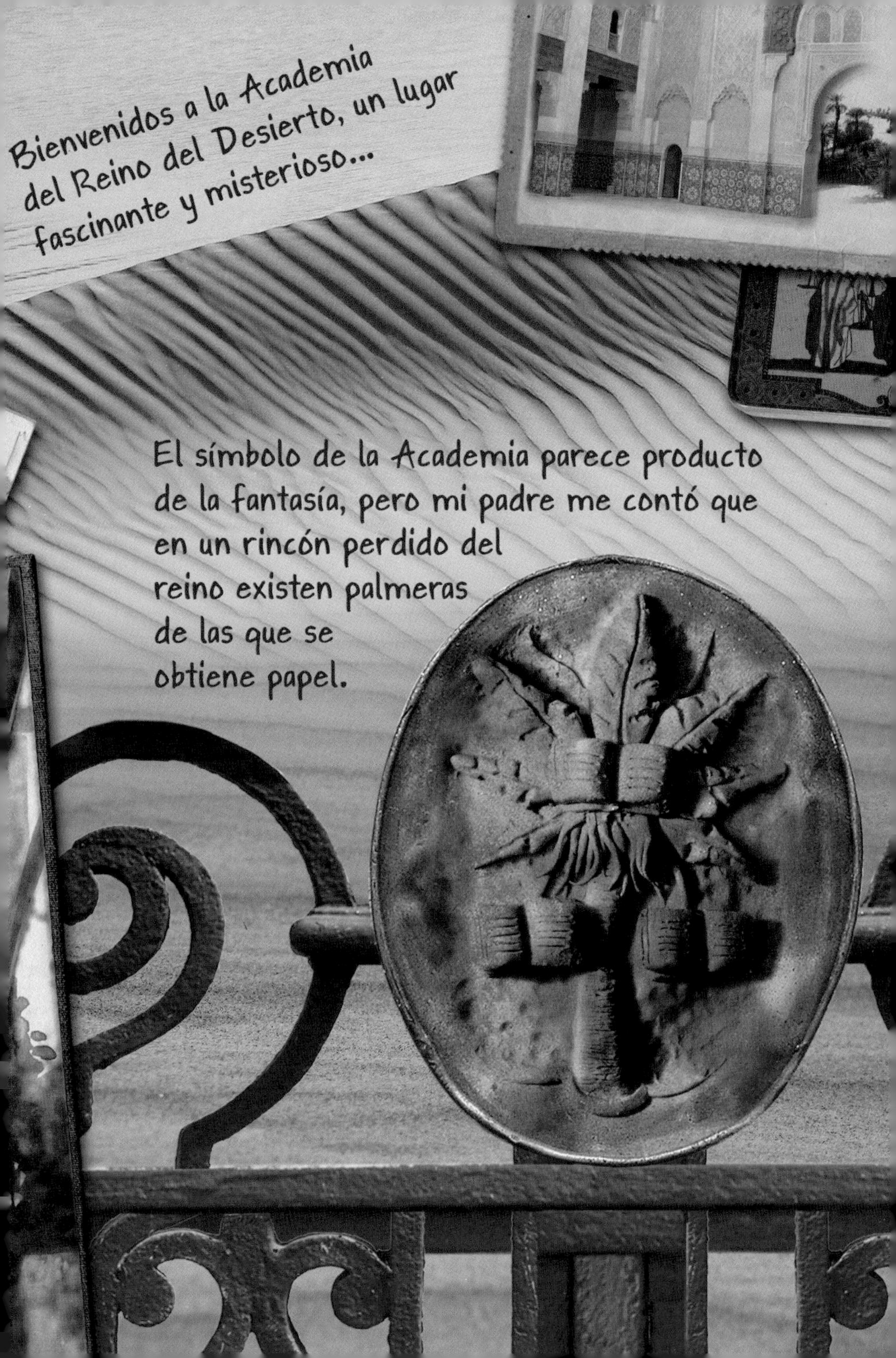

En el mercado
hay objetos muy
curiosos...

Me encanta pasear entre los puestos del Mercado de las Arenas. Los aromas de las especias me hablan de lugares lejanos y cargados de misterio... Los comerciantes narran historias que corren de boca en boca, y se convierten en relatos siempre distintos.

... como las calabazas con las que se hacen platos, cuencos y todo tipo de recipientes.

TARTA DE DÁTILES

(Para 4 personas)
250 g de dátiles
120 g de almendras
140 g de azúcar
4 claras de huevo

Deshuesad los dátiles, trituradlos y mezcladlos con las almendras finamente ralladas. En un cuenco, mezclad el azúcar, los dátiles, las almendras y las claras montadas a punto de nieve. Verted la mezcla en un molde y hornead media hora a 180 °C.

Flor de albaricoquero

Dátiles frescos

Flor de melocotonero

Dátiles secos

El jardín es un lugar muy especial, donde crecen todas las variedades de plantas típicas de los climas cálidos.

Mientras subían la escalera, Samah se tocó el collar y le dio de nuevo las gracias a Daishan.

—¿A qué viene este regalo? No es mi cumpleaños.

—En realidad, el regalo no es sólo mío.

—¿A quién más debo agradecérselo?

—A una familia de comerciantes que quiere darte las gracias por tu hospitalidad.

—Qué amables. ¿Quiénes son?

—Pues… —empezó Daishan, mientras el corazón le latía con fuerza y temía sonrojarse— yo conozco a uno de sus hijos… Se llama Yuften y…

—… y es el famoso chico del que me hablaste —concluyó Samah al ver lo cohibida que se sentía su prima.

—Sí, es él —asintió la joven, sin dejar de darle vueltas a su pulsera.

—¿Os habéis hecho amigos?

—Pues sí. Es una persona muy especial. Además… me ha invitado a ir con él y su familia a su aldea, en la frontera con la Verde Llanura, así podré viajar y…

—¿Te ha pedido que lo acompañes hasta allí? —preguntó la princesa, abriendo mucho los ojos—. Pero… ¡si acabas de conocerlo!

—Bueno, sí, pero confío en él, Samah. Además, sería una oportunidad única para conocer el reino. Tengo dieciocho años y nunca he salido de Rocadocre. En cambio, mi hermano ha cruzado el desierto infinidad de veces. ¡No es justo!

Su prima no se podía creer lo que oía.

—Daishan, ¿qué es lo que te ocurre? Te conozco de toda la vida, y nunca te había oído hablar así. ¿Seguro que estás bien?

—No te estoy pidiendo nada raro. Sólo quiero irme con Yuften y su familia, ¡quiero ver mundo! ¿Qué tiene eso de malo? Ya no soporto estas cuatro paredes. Tanta arena se me atraganta y no puedo respirar.

—Si quieres viajar, ¿por qué no me has hablado antes de ello? Ten paciencia, Daishan. Cuando termine el mercado, organizaremos una expedición al Puerto de los Sabios, en la frontera del reino. Iremos tú, yo, Armal, el Abuelo...

—¿Es que no lo entiendes? ¡Quiero irme con Yuften! Soy mayor, puedo ir sola, no necesito que me escoltéis. ¡Necesito libertad!

—Intenta ponerte en mi lugar, Daishan —dijo la princesa, que se había quedado de piedra—: ¿cómo voy a dejarte marchar con una familia de comerciantes de la que no sé casi nada? Eres mi prima, formas parte de la familia real, soy responsable de ti. Nuestro reino es pacífico, pero el sentido común me dice que debo ser prudente.

No había forma de que la joven entrara en razón. Al ver que no podía convencerla, Samah se vio obligada a terminar bruscamente la discusión:

—Ya basta, Daishan. Tu sitio está aquí, en Rocadocre. Lo has dicho tú misma: eres mayor, el tiempo de los caprichos ha terminado.

—¡No puedes obligarme a permanecer aquí contra mi voluntad!

—Claro que puedo. Soy la princesa de este reino, y mis decisiones te afectan. Y si sigues hablándome en ese tono…

—¡Quiero estar con Yuften!

Daishan hablaba sin pensar. En su mente se repetía sin cesar esta idea: «Me iré con él, cueste lo que cueste».

Samah perdió la paciencia. Tomó del brazo a su prima, la llevó a su habitación y, metiéndola dentro, la dejó sola y cerró la puerta con llave.

Daishan se dio cuenta demasiado tarde de que estaba atrapada.

—¡Déjame salir, Samah! —gritó desesperadamente—. ¡Socorro!

Su prima no se ablandó. Le dolía en el alma lo que estaba haciendo, pero no tenía alternativa. Daishan estaba fuera de sí, y en aquel asunto había algo que no cuadraba. ¿Quién era aquel comerciante? No sabía nada de él, ¿cómo podía fiarse? Ni siquiera se había presentado ante ella, como todos solían hacer. El deber

de una princesa era proteger a su pueblo, y más aún a su familia, pero ahora…

Los gritos de Daishan le impedían pensar, y el viento, aquel viento tremendamente asfixiante que soplaba desde primera hora de la mañana, le dificultaba la respiración y no le daba tregua.

Samah decidió pedirle consejo al Abuelo.

18

La soledad

Daishan no imaginaba que el tiempo pudiese transcurrir tan lentamente entre las cuatro paredes de su habitación. Se encontraba prisionera en sus aposentos.

Caminaba sin cesar arriba y abajo, sumamente nerviosa. Tendría que haber huido sin decir nada. Había sido una gran equivocación contárselo absolutamente todo a Samah.

Miraba por la ventana, y sufría al pensar que no volvería a ver a Yuften, y que ni siquiera podía avisarlo. En esos momentos, él debía de esperar su regreso ahí fuera, en las calles abarrotadas de gente libre de caminar e ir donde quisiera.

Un llanto incontrolable le oprimió la garganta; desesperada, ocultó el rostro en la almohada para ahogar los sollozos.

¡Se sentía tan desgraciada!

~*~

La princesa fue en busca del Abuelo, deseosa de hallar consuelo y de escuchar su consejo. El anciano estaba en la azotea, leyendo antiguos poemas sentado en mullidos cojines de colores.

—¡Samah, querida! Qué grata sorpresa.

Siempre estaba calmado y sonriente, era un ejemplo luminoso y tranquilizador para todos.

—¡Oh, Abuelo! —La princesa corrió a su encuentro y se abrazó a él.

—¿Qué ocurre?

—No lo sé. Quizá esté equivocada…

—No digas eso. Cuéntame lo que pasa.

—Es Daishan, Abuelo. Hoy se sentía muy feliz y me ha regalado este collar.

—Es precioso.

—Sí, lo es. Pero luego me ha confiado el motivo de su felicidad. Un chico le ha propuesto que lo acompañe hasta su aldea cuando termine el mercado.

—¡Oh!

—Y ella quería aceptar, ¿te das cuenta? Yo no sé nada de ese joven, ni de su familia. ¿Cómo puedo dejar que mi prima se marche con ellos, aunque sólo sea por un tiempo? Daishan no puede pretender que le dé permiso para algo así, se lo he dicho muy claro. Ella se ha puesto hecha una furia y…

—Cálmate, por favor, respira hondo.

Samah siguió el consejo del Abuelo y se sintió mejor. Empezó otra vez desde el principio, más tranquila. Cuando terminó el relato, el anciano dijo:

—Tú has hecho lo que creías correcto. Una princesa debe tomar decisiones, es su deber. Y no olvides que toda decisión implica un riesgo. Es inevitable. Nadie puede saber con antelación si se equivoca o no.

—Lo sé, pero se trata de mi prima. ¿Cómo voy a…?

—Samah, por el momento no puedes hacer nada. Durante las últimas noches, las estrellas han estado inquietas, temblaban en el cielo como si una fuerza caprichosa soplara sobre ellas para apagarlas. Y ahora tenemos este viento asfixiante.

—¿Qué significa?

—Inestabilidad del ánimo, Samah. Bajo el cielo se agitan fuerzas desconocidas.

—¿Daishan?

—Y también el joven comerciante. Y no sólo ellos…

—Entonces he hecho bien en impedir que se fuera.

—Yo sólo sé lo que me sugieren el viento, las estrellas y el cielo. No puedo decirte más.

—Gracias, Abuelo.

—En realidad, no te he dado ninguna respuesta.

En ese momento, llegó Armal con aire preocupado.

—Samah, he intentado entrar en la habitación de Daishan, pero alguien la ha encerrado. ¡Dice que has sido tú!

—Es verdad —respondió la princesa.

—¿Por qué?

—Ven, Armal, siéntate con nosotros —dijo el Abuelo.

Samah le contó brevemente la historia de Daishan y Yuften.

Al acabar, el chico estaba sin habla. Luego, asintiendo con la cabeza, exclamó:

—¡Has hecho muy bien!

—Tal vez podrías ir a hablar con ella, Armal —propuso el Abuelo—. Eso le gustará. Siempre que Samah esté de acuerdo, claro.

—Por supuesto.

La princesa le dio a Armal la llave de la habitación de su hermana.

—Por favor, devuélvemela luego —comentó—. Daishan no debe salir de allí hasta que termine el mercado y ese misterioso joven haya regresado a su aldea. Es por su bien.

—Lo sé, puedes confiar en mí —respondió él, y se fue a ver a su hermana.

—Espero que todo salga bien —dijo Samah.

El Abuelo le acarició el cabello y ella cerró los ojos, deseando que todo se arreglara muy pronto.

~*~

—¡Tú no lo entiendes, Armal! —gritó Daishan.

—Casi no conoces a ese chico… —intentó hacerla entrar en razón.

—No sé cómo explicarlo, pero cuando me he despertado esta mañana, «supe» que debía aceptar su invitación.

—Tal vez has soñado mucho y, al despertar, aún estabas bajo los efectos de las imágenes nocturnas.

—Recuerdo unas palabras; eran como una nana que me acunaba, diciéndome que me fuera con Yuften.

—¿Lo ves? Sólo ha sido una sugestión, un sueño.

—Pero ¡yo no quiero quedarme aquí! ¡Quiero irme con él, cruzar el desierto, ver el mar! Y tú vas a ayudarme.

—No, no puedo. Se lo he prometido a Samah.

—¿Y eso qué importa? ¡Yo soy tu hermana! Y eso es lo que cuenta.

—No me pongas en esta situación. Ya sabes cuánto te quiero, pero no puedo dejarte salir. Creo que te equivocas. Además, no puedo traicionar la confianza de Samah y del Abuelo.

—¡¿Qué?! ¿El Abuelo también quiere que me quede aquí encerrada?

Él asintió.

Daishan se dejó caer en la cama. El Abuelo era su última esperanza. Creía que aún podría apelar a su bondad, pero ahora que conocía su punto de vista, se sentía completamente perdida.

—Daishan, hermanita —dijo Armal, sentándose a su lado—, sabes que haría cualquier cosa por ti, pero esta vez Samah tiene razón. Sería muy imprudente que emprendieras un largo viaje con desconocidos. ¿Y si ese chico tiene malas intenciones?

—No lo conoces. Él es único…

—Lo imagino, pero cada cosa a su tiempo. Cuando sepamos más de él y su familia pensaremos en ello con calma. Mientras tanto, si quieres ver la frontera del reino, podemos hacer un viaje lleno de aventuras, solos tú y yo. ¿Qué te parece?

—Si estuvieras en mi lugar no hablarías así.

—Y si tú estuvieses en mi lugar dirías exactamente lo mismo que yo.

—¡Oh, estoy cansada! ¡Vete! Si no piensas ayudarme, déjame sola.

—Ésta es mi ayuda —contestó Armal, e intentó abrazarla.

Pero ella lo esquivó y le dio la espalda.

—Si es así, no necesito tu ayuda para nada.

El joven salió de la habitación muy triste. Había creído que podría convencer a su hermana y analizar la situación con calma, pero ella era testaruda. Al cerrar la puerta tras de sí, la oyó sollozar.

Sentía que la estaba traicionando, pero no tenía otra alternativa.

19

La fuga

Daishan permaneció tumbada en la cama, mirando el techo, hasta que las paredes de la habitación se sumieron en la penumbra del anochecer. Su rabia se iba evaporando e intentó pensar una solución. Pero las emociones del día la habían agotado, y cayó lentamente en un sueño oscuro y agitado.

Despertó a altas horas de la noche.

Encendió una vela y percibió un extraño movimiento en la mesilla de paja. Un inesperado sonido la asustó, pero se dijo que debía de ser una mariposa atraída por la luz.

En realidad era el coleóptero azul, que, mientras ella dormía, le había susurrado otra misteriosa cantinela al oído. Ahora estaba en el alféizar, contemplando los resultados de su labor.

La reacción de Daishan no se hizo esperar. Se levantó de la cama y fue hasta la ventana. La tenue luz de la luna creciente iluminaba la noche. No se veía casi nada, pero sus ojos adivinaron los perfiles de las casas de Rocadocre y la extensión del desierto en torno a la roca.

Miró hacia arriba, a lo alto de las Laderas Desoladas, y se quedó sin aliento. Ahora lo recordaba: ¡la lámina de plata estaba en peligro!

Mientras dormía, alguien la había urgido a ir en busca del objeto antes de que cayera en manos equivocadas. Daishan no sabía quién le había hablado, pero la sensación de peligro era inmediata y palpable.

Tragó saliva, con los ojos abiertos como platos. Debía encontrar la manera de salir de allí… Pero ¿cómo?

Se asomó a la ventana. No podía descolgarse, estaba demasiado alto. Era muy arriesgado, y, además, no tenía ninguna cuerda.

Nerviosa, empezó a ir arriba y abajo de la habitación, mientras el coleóptero zumbaba con insistencia a su alrededor.

—¡Vete! —lo ahuyentó Daishan, e intentó apartarlo con la mano.

El insecto esquivó el golpe y se metió debajo del armario. Ella lo siguió con la mirada y, de pronto, tuvo una idea.

Un remoto recuerdo volvió a su mente: cuando era pequeña, le gustaba esconderse debajo del armario y esperar a que Samah fuese a darle los buenos días, como todas las mañanas.

Cuando la princesa entraba en la habitación y la buscaba en la cama, Daishan contaba hasta diez y a continuación salía de su escondite y le hacía cosquillas.

Con el corazón latiéndole muy de prisa, se acercó al armario.

Recordaba bien la corriente de aire fresco que sentía en la cara cada vez que se metía en su escondite. Según le había explicado Samah, por allí pasaban unos antiguos conductos de ventilación. Los habían construido tiempo atrás, cuando el Reino del Desierto sufrió una gran sequía y se convirtió en un lugar asfixiante.

La fuga

Daishan movió el armario, y descubrió una pequeña trampilla en la pared. Tiró del pomo con todas sus fuerzas, hasta que las bisagras oxidadas cedieron. La portezuela se abrió, y le llegó una corriente de aire que olía a tierra. Dentro del conducto vio una escalera de mano muy larga.

«Es aquí», pensó Daishan.

No había tiempo que perder. Cogió un pañuelo y una vela, se metió por el estrecho pasadizo y empezó a ba-

jar. Sentía escalofríos, y esperaba ver pronto el cielo y la luna.

Mientras avanzaba entre telarañas, cubriéndose el rostro con el pañuelo, sólo pensaba en que debía encontrar la lámina de plata escondida en las Laderas Desoladas. Tenía que darse prisa, repetía una voz dentro de su cabeza, ¡el reino estaba en peligro!

Una ráfaga húmeda apagó la vela en el punto donde el conducto se estrechaba. Daishan se quedó a oscuras.

Intentó no pensar en los murciélagos que debían de vivir allí, pero no lo consiguió; su imaginación iba al galope y no podía detenerla. Entonces pensó lo que le habría dicho su hermano Armal: «¡Fantaseas demasiado, Daishan! ¿Por qué no te concentras en la realidad?».

La idea se disipó al pensar en la lámina, y dijo en voz alta, sorprendiéndose a sí misma:

—La lámina está en peligro... Tengo que encontrarla pronto... Me la traeré aquí y el reino estará a salvo. Samah no se arrepentirá de haberme confiado el secreto de las Laderas Desoladas.

Mientras sus palabras resonaban en las paredes de la galería, entrevió una tenue claridad unos metros más allá. Comprendió que estaba llegando al final del conducto y aceleró el paso, con el corazón desbocado.

Con un último esfuerzo, salió por detrás de un hibisco plantado en una esquina del patio. Las estrellas aún brillaban en el cielo oscuro, lo que indicaba que seguía siendo plena noche.

Daishan se limpió el sudor de la frente y tomó aliento, amparada bajo la planta. Ahora que había salido de la habitación, tenía otro problema: ¿cómo iba a llegar a las Laderas Desoladas?

«Necesito un caballo», pensó.

Pero Kel-Radek, el caballerizo, vigilaba los establos, y tenía un sueño muy ligero, lo mismo que los caballos. Era más que probable que la descubriera. ¡Tenía que haber otra forma!

De pronto, recordó que la familia de Yuften había llegado a Rocadocre a caballo. El día en que se conocieron, sus padres y su hermano entraron en la ciudad montados en un carro tirado por un caballo. Al acordarse, el rostro de la joven se iluminó. «Perfecto, funcionará», se dijo.

Respiró hondo y se dirigió a las puertas de iroko.

Un instante después, corría por las calles de Rocadocre, mientras el palacio permanecía dormido a su espalda.

20
Alarma en Rocadocre

Ya había despuntado el alba cuando el gallo de Fadil cantó, de nuevo impuntual. Rubin Blue salió de su cuarto y se fue directo a las caballerizas. Le dio los buenos días a Kel-Radek, que justo se acababa de levantar, y fue a buscar a su precioso caballo blanco.

Rubin lo acarició, cogió las bridas y lo llevó fuera. Tenía el corazón en un puño. Había decidido saltarse la prohibición de la princesa e ir a las montañas donde aún quedaban restos de magia.

Sentía que esta vez no iba a fracasar.

Cuando entró en el patio central, se detuvo a admirar por última vez el palacio de Rocadocre.

Miró los recuadros de colores que enmarcaban las ventanas, el patio donde había conocido a la princesa Samah. Mientras pensaba en los días que había pasado en la ciudad, reparó en una mancha azul.

Se acercó lleno de curiosidad y entre las ramas de hibisco descubrió un pañuelo azul bordado. Sin duda, pertenecía a una mujer. ¿Cómo habría llegado hasta allí?

El pañuelo no era lo único raro. Alguien había pisoteado la planta y se veía una abertura en la pared que daba acceso a un conducto de ventilación.

Y aún había más sorpresas: al mirar alrededor, vio que las puertas del recinto del palacio estaban abiertas.

Tenía que averiguar lo ocurrido; cogió el pañuelo, ató el caballo en el patio y se dirigió a los aposentos de la familia real.

~*~

—Princesa, siento haberos despertado —dijo Rubin—, pero hay algo que debéis saber.

Samah estaba bajando la escalera que conducía al patio. Tras ella iba la criada que, a petición del joven, había ido a llamarla.

—Decidme de qué se trata —lo exhortó ella.

—Hace poco, mientras salía para ir al mercado, me he detenido para contemplar vuestro hermoso palacio.

—¿Y…? —preguntó Samah, y lanzó una mirada perpleja al caballo blanco que estaba en el patio. Si sólo quería ir al mercado, ¿para qué lo había cogido?

—He encontrado esto —respondió él, agitando el pañuelo.

—Es de Daishan. ¿Dónde lo habéis encontrado?

—Seguidme, quiero enseñaros lo que he descubierto.

Rubin la guió hasta el hibisco, le mostró el conducto de ventilación y señaló las puertas abiertas del recinto.

—Daishan —murmuró la princesa, con un hilo de voz—. Se ha escapado. ¿Cómo es posible?

Corrió escaleras arriba, dando grandes voces:

—¡Primo! Primo, ven en seguida, ¡ha sucedido algo terrible!

La criada fue a despertar a Armal mientras Samah, seguida por Rubin, entraba en la habitación de Daishan.

Cuando abrió la puerta, la princesa no podía creer lo que veía. Su prima había apartado el armario, lo que permitía ver el conducto de ventilación, de nuevo activo después de tanto tiempo. Recordó que, años atrás, le había hablado a Daishan de los conductos de ventilación que había mandado construir el Rey Sabio para refrescar la corte. ¿Cómo podía haberse acordado después de tanto tiempo?

La llegada de Armal y del Abuelo interrumpió sus pensamientos.

—¡Daishan! —exclamó el joven—. ¿Dónde está?

Samah señaló la pared de detrás del armario, y su primo abrió mucho los ojos, asombrado.

—Mantengamos la calma —dijo el Abuelo.

—Y empecemos la búsqueda —añadió el chico—. ¿Quién ha descubierto la fuga?

—Yo —contestó Rubin, que se había mantenido apartado hasta entonces.

Armal lo miró, sorprendido.

—Gracias por vuestra ayuda, Rubin —dijo el anciano sabio.

—Armal, llama a Ajar y a Kel-Radek —ordenó la princesa—. Tenemos que decidir qué vamos a hacer.

—Si puedo ayudar… —se ofreció Rubin.

—Ya habéis hecho mucho. Os lo agradezco —lo cortó Samah, que deseaba quedarse a solas con su familia.

—Está bien. Gracias por vuestra hospitalidad. Voy a prepararme para el viaje.

Sus palabras sorprendieron a la princesa. ¿Qué viaje? ¿No pensaba ir al mercado? En Rubin había algo que no la convencía del todo. Pero ahora su mayor preocupación era la desaparición de Daishan.

—La encontraremos, Samah —dijo el Abuelo cuando vio que el extranjero se alejaba—. Intentemos reconstruir los últimos acontecimientos.

Ella lo miró, y admiró su sabiduría y sangre fría. Tenía mucho que aprender de él.

—Antes que nada, vayamos a ver cuántos caballos hay en los establos. Si ha salido a pie, no puede andar muy lejos.

—Yo voy a buscar al chico del mercado —dijo Armal—. Puede que él sepa algo.

—¿Sabes quién es? —preguntó la princesa.

—No —respondió su primo—, pero lo averiguaré.

—Es alto —lo informó el Abuelo—. Lleva una túnica oscura y tiene rasgos afilados. Debe de ser de una aldea del norte.

Armal asintió, sin preguntarse por qué el Abuelo sabía cómo era el misterioso amigo de su hermana. No había tiempo para preguntas. Había llegado la hora de actuar.

21

El tapiz de Dasin

Mientras Samah y Kel-Radek comprobaban si faltaba algún caballo en los establos, Armal recorrió las calles, que empezaban a animarse, en busca de Yuften. Tras indagar un rato, averiguó que la familia del joven dormía en la azotea de una casa situada junto a la Fuente de las Maravillas. La encontró con facilidad, y se quedó de piedra al saber que Yuften también había desaparecido… y además a caballo.

—¿Sabéis dónde puede haber ido?

—Ni idea —gimió su madre, preocupada.

—Si lo encuentro, ¡que se prepare! —amenazó el padre, con la cara roja de furia—. Se ha ido de paseo precisamente el último día de mercado. ¿Y vos por qué lo buscáis?

En ese momento, Nuasef les comentó a sus padres:

—Me dijo que estaba enamorado de Daishan, la chica del néctar de melocotón.

—¡Daishan! ¡Es mi hermana! ¡La estoy buscando!

Los padres de Yuften no podían creer lo que oían. Parecían turbados, y le dijeron a su hijo menor que prosiguiera.

—La invitó a venir con nosotros a la aldea —continuó Nuasef, muy inquieto—. Esperaba obtener el permiso de la princesa antes de decíroslo a vosotros. Pero todo esto no tiene sentido: él no quería huir, quería marcharse con nosotros.

Entonces Armal les contó lo que sabía y prometió que haría todo lo posible por encontrarlos.

—Ya veréis, daremos con ellos. No pueden estar muy lejos.

Regresó a palacio y se puso de acuerdo con Ajar y Kel-Radek para organizar la búsqueda.

~*~

Entre tanto, el Abuelo le había mandado una nota a Samah: «Acompáñame a ver a Dasin. Hay algo que debes ver».

El tapiz de Dasin

Dasin, la tejedora de la corte, era una mujer muy anciana; sus manos habían tejido las historias más bellas del reino, y seguían siendo muy ágiles. Casi nunca salía de su habitación, porque le costaba desplazarse. Pero sin moverse de allí, era capaz de plasmar con su telar lo que ocurría fuera. Decía que el viento le contaba las historias, y que ella se limitaba a reproducirlas en sus telas. A veces, tejía episodios que aún no habían sucedido.

El cuarto de Dasin daba al desierto, y era muy luminoso. El sol recién salido resplandecía en el cabello blanco de la anciana, sentada ante el telar en la única silla que había en palacio.

Al advertir que había gente a su espalda, se volvió hacia la puerta, que siempre dejaba abierta, incluso de noche.

—Princesa, ¡cuánto me alegro de veros! —exclamó.

—Querida Dasin —dijo el Abuelo—, he traído a Samah para que vea lo que estáis tejiendo.

—¡Por supuesto! Aquí tenéis mi trabajo.

La princesa y el Abuelo se acercaron.

El tapiz, todavía incompleto, representaba con trazos sencillos y estilizados a un hombre de sonrisa inquietante, con un turbante dorado y ojos de reflejos blancos. Al fondo, había otro hombre, éste a caballo, que se alejaba de un imponente edificio color arena.

—¿Sabes quiénes son? —le preguntó el Abuelo a su nieta.

—No —respondió Samah, pensativa.

—¿Y qué te sugiere este lugar?

—Este edificio me resulta familiar. Parece la Academia del Reino del Desierto.

—Lo mismo he pensado yo.

—Sí —confirmó la princesa—. Hace mucho que no voy por allí, pero si la memoria no me falla, es la Academia. ¿Y qué significa?

—No lo sé.

—¿Crees que el hombre de la terrible mirada tiene algo que ver con la fuga de Daishan?

El Abuelo intentaba establecer un vínculo entre las distintas pistas.

—Podría ser un comerciante —sugirió Samah.

—Los comerciantes no suelen llevar turbantes de oro.

—Tienes razón, pero ahora mismo no se me ocurre nada más. —Reflexionó unos instantes—. ¿Y si los ha secuestrado el hombre a caballo? Quizá han huido y él los ha capturado.

—Sí, claro es una posibilidad. Mira el caballo del fondo: es blanco. Samah empezó a sentir escalofríos.

—¿Rubin Blue? —sugirió el Abuelo.

—Tal vez.

—Y hemos dejado que se fuera. ¿Hacia adónde ha ido?

—A buscar su… el objeto que debía encontrar en Rocadocre.

—¿Y sabes qué era?

—No —contestó la princesa—. Y no tiene sentido que haya ido a buscar a Daishan.

—¿Qué hacemos?

—Bajemos hasta el pie de la roca, donde han acampado los comerciantes. Podemos preguntar si alguien ha visto a Rubin Blue o al misterioso hombre del turbante dorado. ¿Qué te parece?

—Sí, vamos a intentarlo. Mantengamos los ojos bien abiertos al inspeccionar el campamento. Puede que hayan secuestrado a Daishan y Yuften y los hayan ocultado en alguna tienda.

—Gracias, Dasin. Nos vamos.

Samah y el Abuelo salieron por la puerta, con el misterioso tapiz bien grabado en la memoria.

~*~

Mientras tanto, en el patio del palacio, Armal había organizado tres expediciones: Ajar, el guía del desierto, iría hacia el sur, a la frontera del reino; Kel-Radek, el caballerizo, al noreste; por último, él y Samah irían al noroeste, hacia la Verde Llanura, y luego seguirían el curso del Río de los Espejismos hasta su desembocadura.

Al organizar las búsquedas, había excluido las Laderas Desoladas, situadas en el oeste, demasiado inaccesibles y peligrosas como para que los jóvenes se hubiesen dirigido allí.

«Daishan habló del mar, tal vez vaya allí con Yuften», pensaba Armal. Quizá los encontraran sanos y salvos en un oasis; era posible que el joven comerciante conociera alguno.

Los imaginaba desorientados e indefensos, rodeados de peligros: escorpiones tigre, murciélagos gigantes... Según decían, no atacaban a las personas, pero la sola idea de que su hermana pudiera tropezarse con esos animales le producía escalofríos.

¡Tenían que partir inmediatamente!

Por fin llegó Samah, montada en *Amira*. Ella y el Abuelo volvían del campamento situado al pie de la roca, y sólo habían averiguado que Rubin había pasado por allí poco después del amanecer, algo que ya sabían.

—Armal, si no te importa, tú y yo iremos hacia el noreste —anunció Samah. La única pista que tenían era la Academia del Reino del Desierto.

—¿Por qué? —quiso saber Armal, perplejo.

—Prefiero seguir esa pista.

Él comprendió que su prima tenía algo en mente, y se calló. Lo único que quería era marcharse de una vez.

22
La Academia del Reino del Desierto

Los cuatro jinetes se habían dado cinco días y cinco noches para encontrar a Daishan y a Yuften. Tras aquel plazo, debían volver a Rocadocre para decidir cómo proseguir la búsqueda.

Ajar pasó dos días avanzando entre las dunas. Lo atrapó una de tantas tormentas de arena como hay en el desierto. Tuvo que acampar en un oasis para protegerse del viento hasta que la tormenta amainó.

Luego prosiguió hasta el desierto rocoso, y allí decidió volver atrás, pues consideraba imposible que los dos chicos hubieran ido más allá.

Kel-Radek se dirigió al noroeste, siguiendo el itinerario que inicialmente habrían debido seguir Armal y la princesa. Interrogó a todo el que encontraba; describía a Daishan y lo poco que sabía del aspecto de Yuften, pero nadie le pudo dar información. Al tercer día, vio los majestuosos árboles de la Verde Llanura y se detuvo en las aldeas fronterizas para preguntar. Samah le había dicho que la familia de Yuften era de aquella zona. Sin embargo, no parecía que los jóvenes hubiesen pasado por allí.

La princesa y Armal cruzaron el Desierto de los Susurros en dirección norte, pero no tuvieron más suerte que los demás. Al tercer día, cuando empezaban a perder la esperanza, divisaron en el tembloroso horizonte la silueta de un edificio color arena.

—¡Es la Academia! —exclamó Samah.

Espoleó su caballo poniéndolo al galope, y Armal hizo lo mismo.

Un viento asfixiante les echaba arena en los ojos, lo único que no les cubría el pañuelo.

Como por arte de magia, el viento empezó a calmarse según se aproximaban al esplendoroso edificio, y los contornos de éste se hicieron más nítidos.

La Academia era famosa en los Cinco Reinos por el prestigio de sus profesores e investigadores. Samah había estado allí cuando era niña, con su padre. Ahora regresaba con esperanza, pero también con temor ante la posibilidad de hallar respuestas que no buscaba. No podía olvidar el tapiz de Dasin y sus misteriosos personajes.

Samah pensó en Rubin Blue, que había entrado en Rocadocre montado en su caballo blanco y luego había desaparecido. ¿Era él el jinete del tapiz? ¿Qué relación tenía con la Academia? ¿Y quién era el hombre de la mirada terrible y el turbante dorado?

Con tantas preguntas dando vueltas en su cabeza, la princesa comenzó a sentir vértigo.

~*~

Los dos primos detuvieron sus caballos ante la verja de hierro con el escudo de la Academia, que representaba la Palmera del Conocimiento, un árbol legendario que producía libros en vez de frutos.

Al otro lado de la verja había un jardín lleno de plantas en flor, y tras éste se erguía el edificio de tres pisos, majestuoso, con amplios ventanales, arcos apuntados y un portal flanqueado por columnas salomónicas. Las puertas estaban cerradas; eran de madera maciza y labrada con símbolos y alegorías del conocimiento.

No se veía ni una alma.

Samah y Armal vieron junto a la verja un *gong* con una maza colgada a un lado. Ambos intercambiaron una mirada. Luego, el chico desmontó, cogió la maza y golpeó con fuerza el disco de bronce.

Poco después, del portalón de la Academia salió un hombre bajo y delgado. Iba vestido de blanco y llevaba un enorme turbante.

Cruzó de prisa el jardín, y observó a los recién llegados con mirada astuta.

—¿En qué puedo ayudaros?

—Soy la princesa Samah, y él es mi primo Armal. Hemos venido a hablar con el director de la Academia.

—Esperad aquí, por favor —dijo el hombrecillo.

Y desapareció tras las puertas.

Esperaron unos minutos. Luego, al ver que el hombre no volvía, Armal comentó:

—Estamos perdiendo el tiempo.

—Ahora ya estamos aquí —susurró la princesa Samah—. A ver qué conseguimos averiguar.

De pronto, el hombre del turbante regresó, y abrió la verja con una llave que llevaba colgada al cuello.

—Podéis dejar los caballos ahí —dijo, señalando una zona sombreada—. En seguida vendrá alguien a cuidar de ellos y darles agua.

—Está bien, gracias.

Los dos primos ataron las riendas donde les decía el hombrecillo y lo siguieron.

Al entrar en el edificio se quedaron estupefactos. Estaban en un vestíbulo gigantesco, con el suelo de mármol y una gran fuente en el centro, coronada por una esfera inmensa. Fuera no habían visto a nadie, pero dentro estaba lleno de gente con gruesos libros bajo el brazo.

La princesa recordó las palabras de su padre, el Rey Sabio, que describía la Academia como un lugar ambiguo, donde convivían el Bien y el Mal, y donde había artificios, venenos y magia, con el pretexto de que los prestigiosos profesores debían analizarlos.

—¿De dónde sale toda esta gente? —preguntó Armal, sorprendido.

—¡Es increíble! —exclamó la princesa.

—Por aquí —les indicó su guía.

Subieron al primer piso y recorrieron un pasillo con varias puertas de madera blanca. Todas daban a estancias espaciosas, algunas de ellas abarrotadas de plantas que profesores y alumnos examinaban con atención; otras estaban ocupadas por mesas llenas de recipientes y alambiques de cristal, en los que hervían sustancias de colores.

Al fondo del pasillo, el hombrecillo llamó tres veces a una puerta cerrada.

—Pasad, por favor —les dijo a sus invitados cuando ésta se abrió, y luego se marchó en silencio.

23
El hombre del turbante dorado

Samah y Armal estaban en una sala grande y luminosa, con pesadas librerías adosadas a las paredes y una mesa de madera oscura en el centro, con varias sillas a su alrededor. También había un sillón de tela, orientado hacia la ventana, que ofrecía un extraordinario panorama del jardín y del desierto.

Del sillón se levantó un hombre con una cuidada barba y unos ojos grandes y redondos. Al igual que el guardián, también él vestía de blanco, a excepción del turbante dorado.

Samah abrió los ojos como platos: ¡era el turbante del tapiz de Dasin! Pero no era la misma persona que la anciana había tejido, de eso estaba segura.

El hombre se acercó a la princesa y le hizo una reverencia. Era robusto, y sus manos pequeñas y regordetas lucían varias pulseras. También llevaba un anillo con una piedra grande y negra.

—Princesa Samah, es un honor para mí recibiros a vos y a vuestro primo —los saludó con voz meliflua—. Me llamo Jom Runi, y soy el director de la Academia. ¿A qué debo el placer de vuestra visita?

—Estoy buscando a mi prima, que desapareció de Rocadocre hace unos días.

—¿Vuestra prima?

—Se llama Daishan. Tiene dieciocho años, y me parece que viaja con un chico llamado Yuften, un comerciante.

—Pues aquí no los encontraréis. Como habréis visto, en este edificio no hay ninguna mujer, excepto vos. —Rió—. Además, nadie entra ni sale de la Academia sin que yo lo sepa. Y no he oído hablar de vuestros amigos, lo siento.

—Confiaba en obtener vuestra ayuda, director —murmuró Samah, decepcionada.

—Por vos, ordenaré que lo registren todo.

—Os lo agradezco.

Samah y Armal se sentaron a la mesa mientras el hombre hablaba con el criado junto a la puerta.

—Pronto me informarán del resultado —dijo luego—. Lamento mucho que vuestra prima haya desaparecido. Estaré encantado de ayudaros en lo que pueda. Últimamente, yo también he perdido a dos colaboradores.

—¿En serio?

—Sí. El primero se embarcó hace unos meses, y no ha regresado. Ni él, ni sus compañeros de viaje. Las esperanzas de verlo vivo son nulas. Se llamaba Kaliq Zaba.

—No lo conocemos. Si hubiera pasado por Rocadocre, habríamos oído hablar de él.

—La verdad es que no tenemos esperanzas de que vuelva. Los tiempos han cambiado, princesa; los astrólogos han visto oscuros presagios en nuestros cielos.

Ambos jóvenes asintieron en silencio.

—Debemos ser prudentes —prosiguió Jom Runi—. Hace unas semanas, le dije lo mismo a otro colaborador que también ha desaparecido. Una gran pérdida, pues era un excelente investigador. Se llamaba Rubin Blue.

—¡Lo conocemos! —exclamó Armal sin pensar—. Ha pasado unos días en Rocadocre.

—¿En serio? ¡Qué buena noticia!

—Según nos dijo, buscaba un objeto —añadió Samah.

—Sí, lo sé.

—¿Sabéis de qué se trataba?

—Creo que habló de una lámina de plata.

Samah palideció. La única lámina de plata que conocía estaba oculta en las Laderas Desoladas, y llevaba grabada la estrofa de la Canción del Sueño, que su padre le había confiado tras dividir el Gran Reino. ¿Era posible que se tratara de esa misma lámina?

Reflexionó sobre los datos de que disponían.

La lámina estaba escondida en las Laderas Desoladas, pero nadie conocía su existencia... ¡sólo Daishan! Ella misma le había confiado el gran secreto un día antes de que su prima desapareciera.

Ahora sabían que Rubin Blue había ido a Rocadocre en busca de la lámina. ¿Habría secuestrado a Daishan? Había sido el primero en advertir su fuga y en avisarlos a todos, ofreciéndose para colaborar en la búsqueda. Una maniobra perfecta para disimular su implicación en el asunto y marcharse tranquilamente. Sin embargo, algo no cuadraba: Rubin Blue buscaba la estrofa, pero ¿para qué la quería?

—¿Para qué quería esa lámina? —preguntó Samah.

—Debía entregársela a alguien. Los buscadores como él son comerciantes especializados que consiguen objetos para investigadores que trabajan aquí, o para otras personas vinculadas a las actividades de la Academia.

—¿Sabéis para quién buscaba la lámina de plata?

—No lo sé, lo siento. Cada comerciante trata personalmente con quien contrata sus servicios… Podría ser cualquiera.

Samah se sentía bastante confusa. Si la desaparición de Daishan tenía algo que ver con Rubin Blue, ¿cómo se explicaba la desaparición de Yuften?

Mientras estos pensamientos daban vueltas en su mente, un hombre se acercó a Jom Runi y le susurró algo al oído.

Un brillo de estupor se reflejó en la mirada del director, para luego apagarse rápidamente.

—Lo lamento mucho —les dijo—, pero no tengo buenas noticias. Nadie sabe nada de vuestra prima ni de su amigo.

—Habéis sido muy amable, director —respondió Samah, y se levantó—. Gracias por vuestra ayuda.

—Es mi deber, princesa. Si me entero de algo, os enviaré un mensajero y…

—Muchas gracias —lo atajó ella. Pero luego, al llegar a la puerta, se detuvo y añadió—: Quisiera haceros una última pregunta.

—Lo que queráis.

—Me ha impresionado mucho la calidad de vuestro turbante —lo halagó ella—. Imagino que es un signo distintivo de vuestro cargo…

—Sí, el turbante dorado es un honor reservado a los personajes ilustres de la Academia, ya sean profesores o benefactores.

—¿Y… quiénes son los benefactores?

—Personas que aman la cultura y donan parte de su patrimonio a nuestra institución para financiar nuestras investigaciones. Hay muchos benefactores, procedentes de todas las zonas de los Cinco Reinos.

Samah buscó un hilo conductor entre las informaciones que poseía, pero eran demasiado pocas para darle un sentido a la historia.

—¿Tenéis una lista de esos benefactores? —preguntó.

—Si la necesitáis, puedo mandar que la escriban, pero me temo que tardarán unos días.

—Hacedlo, por favor. Gracias por colaborar.

El director se despidió de la princesa y de su primo con una reverencia, y volvió a arrellanarse en su sillón.

~*~

Fuera de la Academia, en el fresco jardín, Samah y Armal montaron en sus caballos.

—Aquí hay algo raro, Armal. Antes de irnos, el Abuelo me enseñó el tapiz que estaba tejiendo Dasin: representaba a un hombre con un turbante dorado idéntico al del director. La cara no era la de Jom Runi, pero detrás de él estaba la Academia, y otro hombre alejándose en un caballo blanco.

—¡Rubin Blue!

—Exacto. Ahora sabemos que Rubin Blue cumplía una misión de la Academia. Pero aún no sabemos quién le encargó buscar la lámina.

—La lista de benefactores nos ayudará...

—No creo que el director nos la mande —contestó la princesa—. No me ha causado buena impresión.

—Samah...

—¿Qué?

—¿Sabes algo referente a esa lámina de plata que ha mencionado?

—Por desgracia, sí. Y tengo un mal presentimiento. Debemos volver a Rocadocre lo antes posible.

—Tendríamos que descansar un poco, prima.

—No tenemos tiempo. Debemos darnos prisa. El Reino del Desierto está en peligro.

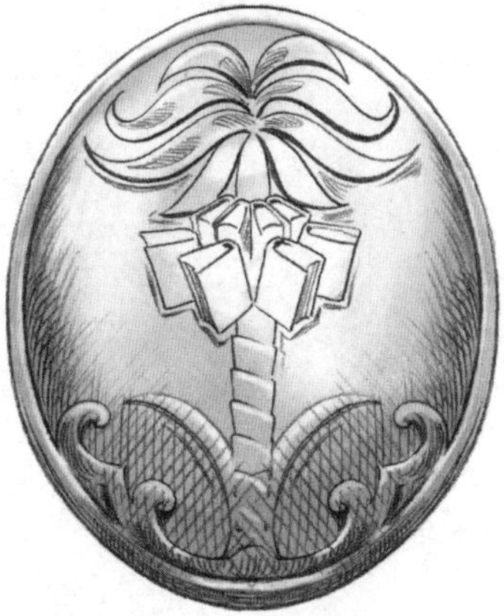

Dejaron atrás la verja con el escudo de la Academia y se encaminaron rápidamente hacia la ciudad. En el fondo de sus corazones, esperaban que, entre tanto, Daishan y Yuften hubiesen regresado.

Pero en Rocadocre los esperaba una sorpresa muy distinta, algo que ni siquiera podían imaginar.

SEGUNDA PARTE

24
Una visita inesperada

Samah y Armal estaban exhaustos. Habían cabalgado sin cesar durante tres días, con apenas unas breves paradas para dar de beber a los caballos, y regresaban con informaciones que aún no comprendían bien.

La princesa seguía pensando en la estrofa. La posibilidad de que pudiera caer en manos equivocadas la mantenía aterrorizada.

—¿Crees que la búsqueda de Daishan y Yuften habrá ido bien? —preguntó Armal mientras recorrían las calles de Rocadocre.

—No lo sé. Espero que sí —respondió Samah, poco convencida.

—Pues yo creo que no.

—Este asunto cada vez se complica más… Hay demasiadas cosas que no cuadran.

—Como la lámina de plata. Te quedaste pálida cuando el director la mencionó.

Samah guardó silencio un instante.

—Es un objeto vital para la paz del reino —dijo al fin, muy rápido—. Es lo único que debes saber.

—¿Y temes que Rubin la haya robado?

—Rubin o tu hermana. Ella sabía perfectamente dónde estaba escondida.

—¡Daishan no es una ladrona!

—Quizá no. Pero, antes de plantearnos otras hipótesis, debo comprobar si la lámina de plata sigue en su sitio.

—Si quieres, te acompaño.

—Gracias, Armal, pero… ¿qué es ese ruido? —preguntó la princesa.

En la plaza había un gran bullicio.

—¡Oh, queridos, habéis regresado! —exclamó contento el Abuelo.

—¿Qué ocurre?

—Tengo una sorpresa para ti, Samah. Mientras estabais fuera, han llegado dos personas.

La princesa sintió una inmensa alegría, pensando que Daishan había vuelto.

La multitud se apartó mientras descabalgaba. Bajo el pórtico, junto a la entrada a los baños, había un chico y una chica... Pero no eran Daishan y Yuften.

Él era muy alto, atlético y rubio. Ella tenía el pelo rojo, rizado y largo hasta la cintura. Cuando vio a la princesa, se llevó una mano a la boca y corrió hacia ella.

—¡Samah!

Ésta no podía creer lo que veía.

—¿Kalea? ¿Eres tú? —preguntó, y ambas se abrazaron—. ¡No lo puedo creer, hermanita!

—Sí, Samah, soy yo. Cuánto tiempo ha pasado. ¡Cuánto te he echado de menos!

—¡Yo también! He pensado en ti cada día.

Las dos hermanas se observaron atentamente. Habían crecido, estaban distintas, pero seguían siendo ellas. Samah sonrió al ver los pies descalzos de Kalea. ¿Por qué las dos les tendrían tanta manía a los zapatos?

—Llegaron el día en que te fuiste —dijo el Abuelo.

—Oí tu voz en el jardín —explicó Kalea—. Ibas de prisa, y llamabas a tu primo.

—Sí, ha sucedido algo terrible. Pero dime... ¿cómo es que estás aquí? ¿Y quién es él? —preguntó Samah, señalando al joven que la acompañaba.

—Es una larga historia —respondió Kalea—. Te presento a Gunnar, príncipe de los Hielos, el marido de nuestra hermana Nives.

—¡¿Nives se ha casado?!

—Sí, así es. Yo también me enteré hace poco, cuando Gunnar vino a Flordeolvido, al Reino de los Corales.

Samah no entendía absolutamente nada, y miraba a su hermana desconcertada.

—Gunnar hizo un largo viaje junto a Haldorr, el bibliotecario; ¿te acuerdas de él?

—Claro, ¡el viejo y querido Haldorr!

En ese momento, Gunnar se acercó.

—Encantado de conoceros, princesa Samah —dijo, e inclinó la cabeza.

—El gusto es mío, príncipe Gunnar.

Él sonrió, cohibido. Aún no se había acostumbrado a que lo llamaran príncipe. Quizá no se acostumbraría nunca.

Para estar más a gusto, la anfitriona propuso que fueran a uno de los salones del primer piso, adonde se encaminaron todos. De vez en cuando, Samah se volvía para mirar a Kalea, que iba detrás de ella. Se alegraba tanto de verla que no podía creer que estuviera allí... Aunque, teniendo en cuenta el juramento que habían hecho, imaginaba que su presencia no auguraba nada bueno.

Cuando Kalea entró en la Sala de la Bóveda Celeste, se conmovió.

—Ya he estado aquí, lo recuerdo. Era pequeña, pero no he olvidado lo bonito que es este techo.

—¿Te acuerdas? Veníamos juntas, y luego salíamos a ver si las estrellas del cielo eran iguales.

—¿Sigues haciéndolo?

Samah asintió.

—¡Me encantaría que Nives, Diamante y Yara estuvieran aquí! —exclamó Kalea, con los ojos llenos de lágrimas.

—Ánimo, hermanita. Pronto nos reuniremos —respondió Samah, y la abrazó de nuevo.

—Ahora debemos ocuparnos de una cuestión muy urgente —las interrumpió Gunnar, y todos lo escucharon—. Fui a ver a Kalea al Reino de los Corales porque atacaron el Reino de los Hielos Eternos.

—¿Cómo? ¿Quién? —preguntó Samah.

—El hijo del Viejo Rey.

—¿El Viejo Rey tiene un hijo? —exclamó Samah, estupefacta.

—Sí. Nadie lo sabía hasta que se presentó en Arcándida bajo una identidad falsa —explicó Kalea—, cortejó a Nives y dijo que quería casarse con ella.

—¡Qué ser tan despreciable! —comentó Samah.

—Más que despreciable —prosiguió Kalea—. Es malvado, y desea vengarse de lo que nuestro padre le hizo al Viejo Rey y a su corte.

—En el Reino de los Hielos Eternos se alió con nuestro peor enemigo —dijo Gunnar—, Calengol, e intentó robar la estrofa de Nives.

—¿Y lo logró? —preguntó Samah, llevándose las manos a la boca.

—Por suerte, no. Pero estuvo a punto.

—Luego vino a Flordeolvido —continuó Kalea—, y fingió ser un pescador. Lamentablemente, en mi reino sí logró su objetivo, y ahora ya tiene una estrofa: la mía.

—Esperemos que no tenga dos —murmuró Samah, y negó con la cabeza.

—¿Qué quieres decir?

—Que debo ir a comprobar si sigo teniendo mi estrofa. Temo que alguien la haya robado.

—¿Ése es el hecho terrible del que hablabas antes? Creía que te referías a Daishan… Nos han contado lo sucedido.

—Creo que ambas cosas están relacionadas —contestó su hermana—. ¿Tenemos más pistas? —preguntó Samah mirando al Abuelo—. Hemos buscado por todas partes, pero…

—Nadie la ha encontrado —respondió el anciano, y explicó que Ajar y Kel-Radek ya habían regresado.

—Tenemos que comprobar si la estrofa sigue en su sitio —propuso Gunnar—. Y si el príncipe Sin Nombre tiene algo que ver con la desaparición de Daishan.

Samah asintió, muy resuelta, y habló brevemente de Rubin Blue y de lo ocurrido en la Academia del Reino del Desierto.

—Haremos lo siguiente —concluyó—: yo iré a ver si la estrofa sigue en su sitio. Mientras, vosotros podéis volver a la ciudad. Armal, averigua si alguien ha hablado con Rubin Blue y sabe adónde se dirigía. Tal vez tengas suerte.

—Está bien.

Abandonaron la sala y se separaron. Cada uno debía cumplir su misión.

25

Las Laderas Desoladas

Mientras Samah subía por las Laderas Desoladas montada en su fiel *Amira*, se decía que no existía un nombre mejor para describir aquel lugar sin vida, donde no crecían plantas ni flores, ni había una sola hierba. Algún que otro halcón daba vueltas en lo alto, más por jugar con las corrientes térmicas muy habituales en esa zona que para cazar, pues allí había muy pocas presas. El viento reinaba soberano, con un siseo inquietante y misterioso.

Amira avanzaba rápido por aquellas laderas, tras percibir la angustia y la prisa de su dueña.

La princesa conocía el camino, pero las tormentas que solía haber en las montañas cambiaban sin cesar el paisaje y resultaba imposible orientarse. Sólo podía confiar parcialmente en su memoria; era mejor dejar que la guiara el instinto de *Amira*, que proseguía sin vacilaciones. Samah miraba alrededor y sólo veía roca. Roca oscura y afilada.

Después de subir un largo tramo, alcanzaron la primera cima. Luego descendieron por un terreno empinado y accidentado, al que los cascos de la yegua se agarraban con dificultad, hasta llegar a una zona llana, flanqueada por paredes de roca, que parecía el lecho de un río seco.

Las paredes estaban muy erosionadas, lo que indicaba que, durante las grandes lluvias, por allí había corrido mucha agua.

El sonido de los cascos de la yegua retumbaba con un eco que tenía algo de siniestro.

—Ánimo, *Amira* —murmuró Samah, y le acarició suavemente las crines—. Cuanto antes salgamos de aquí, mucho mejor.

El animal resopló, aceleró el paso y tomó un estrecho sendero que conducía a una segunda cima: el destino de su viaje.

La subió igual que la primera, agarrándose con los cascos a la tierra escarpada e irregular.

Samah desmontó, mientras *Amira* seguía con atención sus movimientos.

A sus pies había cinco piedras que representaban los Cinco Reinos. Se orientó por el sol y levantó la piedra que estaba más al sur… Su rostro se tiñó de una gran desesperación.

Ni rastro de la lámina de plata.

—¡Oh, no! ¡La han robado!

Dejó de nuevo la piedra en su sitio; lágrimas de desconsuelo y rabia le nublaban la visión.

Ahora estaba segura: ¡alguien se había apoderado de la estrofa!

¿Quién habría sido? ¿Rubin Blue o… Daishan?

No podía creer en la segunda posibilidad.

Montó de nuevo, y le susurró a *Amira* que la llevara a casa más rápido que el viento. Debía volver inmediatamente a Rocadocre.

¡El Reino del Desierto estaba en peligro!

26
En busca de información

Armal, Kalea y Gunnar fueron en busca de los padres de Yuften, y los encontraron en una casita que daba a la plaza central. Los demás comerciantes se habían marchado días antes, pero ellos permanecían en Rocadocre a la espera de obtener noticias.

Kalea se presentó como hermana de la princesa Samah, entró en la casa y les hizo varias preguntas, para intentar completar la poca información que tenían sobre la desaparición de los chicos. La madre de Yuften la recibió afectuosa, pero no le dijo nada nuevo.

Le comentó que, según pasaba el tiempo, los pensamientos negativos estaban acabando con sus esperanzas.

En busca de información

La princesa de los Corales intentó consolar a la mujer lo mejor que pudo:

—Comprendo bien lo que se siente al estar separada de un ser querido, sobre todo cuando es en contra de vuestra voluntad. Pero debéis tener confianza; haremos lo imposible para encontrar a Yuften y a Daishan.

Entre tanto, Armal, que se había quedado en el umbral, se esforzaba por mantener la calma. La huida de los dos chicos había puesto a prueba su carácter jui-

cioso: «¿Es posible que no comprendan el dolor que están provocando?», se preguntaba una y otra vez.

—Yuften siempre ha sido rebelde —explicó su madre, bajando los ojos—. Estoy desolada.

—Hemos intentado mantenerlo a raya por todos los medios, pero no hay manera —añadió el padre, abatido.

—No es malo —intervino el hermano, que hasta entonces no había hablado—, pero se deja llevar por sus impulsos y siempre se mete en líos…

Armal observó al chico; debía de tener catorce o quince años, pero sus ojos revelaban una capacidad de juicio muy aguda para su edad.

—Lo encontraremos —le dijo.

El muchacho sonrió.

Gunnar les observaba desde fuera de la casa, absorto en sus pensamientos.

Tras enfrentarse al príncipe Sin Nombre, se había vuelto desconfiado. Por eso, antes de conocer a los padres de Yuften, pensó que seguramente mentían para ocultar la huida de Daishan. En el Reino de los Hielos Eternos, el príncipe Sin Nombre había utilizado a Calengol, un ser malvado, para alcanzar su objetivo, y esta vez, podía haber manipulado a Yuften o a su familia. Sin embargo, cuando vio a la pareja de comerciantes y el dolor que había en sus ojos, sus dudas se disiparon. Y lo mismo sintió al escuchar las palabras del hijo menor, Nuasef.

Se dijo que, cuando encontrara a Yuften, también intentaría leer en sus ojos.

Estaba seguro de una cosa: si el príncipe Sin Nombre tenía algo que ver con el asunto, se había burlado de ellos una vez más, pues no había dejado ningún rastro.

Kalea siguió haciendo preguntas, pero no averiguó nada. Solamente al final de la visita, por azar, la madre de Yuften mencionó un detalle que también llamó la atención de Gunnar y Armal, y que debían contarle de inmediato a Samah.

27
Los comerciantes de la ciudad

Al regresar de las Laderas Desoladas, la princesa Samah encontró a Gunnar, Kalea y Armal conversando en el patio.

—Ya estoy aquí —anunció, muy seria.

Gunnar y Armal comprendieron que no traía buenas noticias.

—¿Y bien? —preguntó Kalea, inquieta, aunque ella jamás perdía la esperanza.

—La estrofa no está. Alguien la ha robado.

Se hizo un silencio absoluto.

—O sea… que estamos en peligro —dijo finalmente Armal.

—Me temo que sí.

Samah miró a su primo y se arrepintió de no habérselo contado todo. Era un chico prudente, que merecía su entera confianza.

—Creo que ha llegado el momento de contarte la historia de la lámina y el significado que tiene para los Cinco Reinos, Armal.

—Ya se lo he contado yo, Samah —dijo Kalea tímidamente—. Perdóname, sé que era cosa tuya, pero he creído que debía saberlo.

Todos contuvieron el aliento, esperando la respuesta de Samah.

—Has hecho bien —dijo ésta al fin.

Las dos hermanas sonrieron. Las dos juntas resplandecían como dos piedras preciosas.

—Es justo —continuó Samah mirando a Armal—, y es una forma de unir a nuestra familia…

Al decir «nuestra», se sintió menos sola ante la amenaza del malvado príncipe.

—¿Habéis hablado con los padres de Yuften? —preguntó—. ¿Habéis averiguado algo?

—Tal vez, pero no estamos seguros. Vieron a Rubin Blue la mañana en que Daishan desapareció. Se fijaron en él porque su aspecto es insólito en esta zona.

—¿Dónde lo vieron?

—En la plaza central. Estaba comprando agua y comida, como si fuera a emprender un largo viaje…

Samah no se sorprendió. Sabía que Rubin Blue se había marchado.

—… y hay algo más que deberías saber, Samah —añadió Kalea—. Al parecer estaba muy interesado en las Laderas Desoladas. Seguro que quería subir hasta allí.

Su hermana se sobresaltó. Esas palabras confirmaban sus sospechas. Pero ¿cómo había averiguado Rubin Blue que la lámina estaba en las Laderas Desoladas? ¿Le había sacado la información a Daishan? ¿Cuándo? ¿Cómo? Esperó de todo corazón que no les hubiese hecho daño a los chicos.

—Tal vez el príncipe Sin Nombre y Rubin sean la misma persona —sugirió Kalea—. El príncipe sabe utilizar la magia y cambiar de aspecto. Es posible que haya descubierto el escondite de la estrofa gracias a algún hechizo.

—Pues yo creo que el príncipe Sin Nombre, o la persona que trabaja para él, es ese chico a quien llamáis Yuften —opinó Gunnar.

Todos se volvieron hacia él estupefactos.

—Tal vez haya convencido a Daishan para que robe la estrofa con un hechizo de amor —prosiguió Gunnar—, o a través de su ayudante, el coleóptero azul cobalto.

—¿El coleóptero azul?

—Cuando el príncipe Sin Nombre estuvo en Arcándida, nos dimos cuenta de que Nives estaba como hipnotizada. Haldorr y yo investigamos, y descubrimos la existencia de ese insecto, que susurra una cantinela al oído de las personas dormidas para dirigir su voluntad.

—¡Es terrible! —exclamó Samah—. ¿Y está al servicio del príncipe?

—Estamos casi seguros de ello. Yo mismo vi un coleóptero en la habitación de Nives, poco antes de que el príncipe huyera.

En ese instante, llegó el Abuelo:

—He venido a avisaros… ¡Dasin ha tejido un nuevo tapiz!

28
El segundo tapiz de Dasin

Subieron a la habitación de Dasin, y encontraron a la anciana sentada ante el telar, como siempre.

Sólo que aquel día su expresión revelaba cierto temor; no estaba acostumbrada a recibir visitas, menos aún de tantas personas a la vez.

—Dasin, ¿has visto quién ha venido a vernos? —le preguntó Samah para tranquilizarla.

La mujer observó a los dos invitados con mirada inquisitiva.

—¡La princesa de los Corales en persona! —exclamó Samah, con una sonrisa.

Al oírla, la anciana se puso en pie y se acercó a Kalea para verla mejor. De pronto la reconoció.

—¡Mi niña! —exclamó, abriendo los brazos.

Kalea, algo indecisa, se acercó a la tejedora. Cuando la anciana la abrazó, los recuerdos emergieron como burbujas en la superficie del mar. Recordó el aroma de las especias y el olor de los tintes para la lana que impregnaban la ropa de la anciana. Cerró los ojos y, por un instante, volvió a su infancia, al tiempo en que vivía con sus padres y sus hermanas. Esa tierna imagen le infundió valor y determinación: era necesario detener al príncipe Sin Nombre.

Dasin se apartó de la joven y se dirigió a Gunnar:

—¿Y vos, apuesto joven, quién sois?

—Me llamo Gunnar, vengo del Reino de los Hielos Eternos.

—Nives... —murmuró Dasin, con los ojos llenos de lágrimas.

—Gunnar es su marido —le explicó Samah.

—Cuando vuelvas a Arcándida —dijo Dasin, abrazándose al príncipe—, dale muchos recuerdos a mi querida niña. ¿Sigue siendo guapa y rebelde, como cuando era pequeña?

—Me temo que sí —sonrió él.

Todos se echaron a reír, aunque pronto tuvieron que concentrarse en pensamientos más graves y urgentes. Quizá el tapiz les proporcionara nuevas pistas para localizar a los dos chicos desaparecidos.

Dasin volvió a sentarse ante su telar, y los demás se colocaron en círculo a su alrededor.

—Ha ocurrido esta mañana —explicó la tejedora—. He oído un viento muy raro que entraba por la ventana y he comenzado a trabajar. Al principio, no me he dado cuenta de lo que tejía, y sólo os he avisado al acabar el tapiz.

Todos los ojos estaban pendientes de la tela, que representaba dos figuras en el suelo, un chico y una chica.

—Parece que ella esté desmayada —comentó Samah, señalando a la joven apoyada en el tronco de un árbol—. Podría ser Daishan…

—¿Y él Yuften? —preguntó Armal.

—Yo creo que sí —respondió el Abuelo.

—¿Y dónde están? —inquirió Samah.

Los jóvenes se hallaban en un sitio semejante a mil lugares del reino, pues estaban rodeados de arena. Detrás de ellos sólo se veían dos árboles, y uno de ellos era un baobab.

—Armal —continuó la princesa Samah—, ve a llamar a Ajar. Tal vez él pueda ayudarnos.

—¡Voy corriendo!

Todos se quedaron esperando y mirando con atención el tapiz. Al cabo de unos minutos, Armal entró en la habitación seguido por el guía del desierto.

—Ajar, ¡tienes que ayudarnos! —rogó Samah—. Creemos que estos dos jóvenes son Daishan y Yuften, pero no sabemos dónde están.

El hombre se acercó al telar y clavó su aguda mirada en el tapiz, estudiando todos los detalles.

Tras unos instantes en que todos guardaron silencio, Ajar habló:

—Conozco el lugar.

—¿Estás seguro? —preguntó el Abuelo.

—Sí. Es un pequeño oasis; muy poca gente lo conoce. Está cerca de las Laderas Desoladas.

—¿Cómo lo has reconocido? —quiso saber Armal, que admiraba a Ajar por conocer tan bien el desierto.

—¿Veis los dos árboles? Son un mango y un baobab, uno al lado del otro. Hay un solo oasis en todo el reino donde esos dos árboles crezcan juntos.

Un viento de esperanza recorrió la habitación.

—Gracias, Ajar —dijo Samah—. Has sido de gran ayuda, como siempre.

—Tenemos que irnos —apremió Armal.

—Os acompaño —propuso Gunnar—. Intentaré echaros una mano.

—Perfecto, os lo agradezco mucho —respondió la princesa.

—Yo me quedaré en palacio con el Abuelo —decidió Kalea—. Si el príncipe Sin Nombre vuelve por aquí, yo lo reconoceré, y espero saber enfrentarme a él.

Samah miró a su hermana con afecto. La recordaba como una niña dulce, que se conmovía con facilidad, y ahora era una joven resuelta y madura.

Estaba orgullosa de ella.

Samah se despidió de Dasin, y ordenó a Kel-Radek que ensillara los caballos.

—Tú te quedarás en palacio —le dijo—, puede que te necesiten.

—Como queráis, princesa.

A los pocos minutos, la expedición partió.

29
Un viaje al desierto

El pequeño grupo cabalgó hasta el anochecer. Fue un viaje silencioso; todos galopaban absortos en sus pensamientos, que pasaban por su mente como las suaves dunas bajo los cascos de los caballos.

—Se está haciendo de noche —anunció Ajar—. Dentro de poco tendremos que acampar.

—¿No podemos seguir? —preguntó Samah, que no soportaba la idea de perder un tiempo precioso, y quería dilatar las horas.

—Los caballos están agotados; tienen que beber y descansar. Cerca de aquí hay un oasis con mucha agua. La próxima fuente está demasiado lejos, y los caballos no aguantarían. Además, es difícil encontrarla cuando oscurece.

—Está bien, detengámonos —aceptó la princesa—. Partiremos mañana en cuanto amanezca.

Poco después, llegaron al oasis. Era un lugar resguardado y, como había dicho Ajar, había en él un profundo manantial rodeado de palmeras. Los caballos saciaron su sed y los miembros de la expedición montaron las tiendas.

—Haremos turnos de guardia —estableció el guía, una vez acamparon—. Si os parece, podéis empezar vos, príncipe Gunnar. Luego Armal, y después yo, hasta el amanecer.

—Perfecto, estoy a vuestra disposición. Por favor, llamadme Gunnar y tuteadme.

Todos sonrieron y asintieron. Si hubieran conocido el pasado de Gunnar, habrían comprendido por qué lo incomodaba tanto el título de príncipe.

Poco después, pese a sus buenos propósitos, Armal y Ajar dormían en la tienda, vencidos por el cansancio.

Gunnar y Samah se quedaron fuera, junto al fuego. Miraban el cielo estrellado, cada uno en compañía de sus pensamientos.

—¿Estás muy preocupado, no es cierto? —preguntó la princesa, rompiendo el silencio.

—Sí, lo estoy; conozco la maldad de ese hombre.

—¿Por qué lo llamáis príncipe Sin Nombre?

—Porque no tiene identidad propia y roba la de los demás. Él y yo tuvimos un feroz enfrentamiento en Arcándida; aún conservo señales.

—¡Qué horror!

—Es un hombre sin escrúpulos, experto en artes mágicas. ¿Tú conoces la magia, Samah?

—No, nuestro padre la prohibió en los Cinco Reinos. Quedan restos en algunos lugares y objetos, pero creía que ya nadie podía lanzar sortilegios y conjuros.

—Lo mismo creía yo. Vuestro padre no podía imaginar que el Viejo Rey tenía un hijo inmune al Hechizo del Sueño. Y…

Gunnar no sabía si confiarle su historia a Samah. Al final, se dijo que no había motivo para callar. Era la hermana de su esposa, y le recordaba mucho a Nives. Ambas eran resueltas y valientes; además, Samah poseía la seriedad típica de la hermana mayor. Podía confiar en ella.

—… hace años, cuando era muy joven, me topé con una mujer que sabía utilizar la magia —relató el príncipe Gunnar—. Mientras regresaba a mi aldea, unos bandidos me robaron y me tiraron al cráter de un volcán. Estuve a punto de morir.

Samah escuchaba con gran atención, sin interrumpirlo.

—Vino junto a mí Alifa, la guardiana del volcán, y me propuso salvarme la vida con la condición de que me transformara en un lobo. Así, mediante un hechizo, me convirtió en un lobo blanco.

—¿Y luego qué ocurrió? —inquirió la princesa con asombro.

—Viví con otros lobos hasta que me enteré de que buscaban guardias para Arcándida. Tu tía Berglind me eligió como jefe del ejército del Reino de los Hielos Eternos.

—¿Tú eras uno de los lobos que pertenecía a la guardia real? —Samah tenía una imagen grabada en la memoria, pues, durante una visita a Arcándida, se asustó al ver a los guardias—. Entonces ya nos hemos visto…

—Sí —respondió Gunnar—, me acuerdo de ti y de tus hermanas. Ha pasado mucho tiempo.

—¿Y cómo volviste a transformarte en hombre?

—Gracias a Nives. Siempre estaba junto a ella, la protegía, la cuidaba y… empecé a amarla. Sin darse cuenta, a ella le sucedió lo mismo. Tras el enfrentamiento con el príncipe Sin Nombre, volví derrotado y a punto de morir. Ella me abrazó y lloró. Sus lágrimas rompieron el hechizo y me hicieron recuperar mi aspecto. Nadie podía creerlo. El amor fue la magia más poderosa.

—Es una historia… increíble —murmuró Samah.

Gunnar sonrió en la oscuridad, mientras la princesa pensaba de nuevo en su prima.

—Espero que el príncipe no le haya hecho daño a Daishan; si no, ¡tendrá que vérselas conmigo! —Luego se levantó—. Me voy a dormir. Mañana será un día muy largo. Buenas noches, Gunnar.

—Buenas noches, Samah.

El príncipe de Arcándida se quedó solo mirando las estrellas. El aire del desierto le llegaba fresco y aromático. Pensó en Nives y en lo lejos que estaba, mientras sus ojos de lobo recorrían el negro horizonte.

30
Daishan y Yuften

La noche transcurrió en calma y, al despuntar el alba, la expedición estaba lista para reanudar su marcha.

—¿Cuánto falta para llegar al oasis de los dos árboles? —le preguntó Samah a Ajar.

—Menos de un día de viaje —respondió el guía, ajustándose bien el turbante—, pero tenemos que darnos prisa, se acerca una tormenta de arena.

—¿Una tormenta? —exclamó Armal.

—Sí, viene del este —dijo Ajar, aspirando el aire—, y avanza rápidamente.

—¡Partamos en seguida! —exhortó la princesa, montada en *Amira*.

Sabía perfectamente que, si los pillaba la tormenta, tendrían muchas menos posibilidades de encontrar a los dos jóvenes. Su yegua también estaba inquieta; tal vez sintiera la proximidad de la tormenta, como Ajar.

Cabalgaron todo el día.

Gunnar, acostumbrado al frío clima del Reino de los Hielos Eternos, se cansaba más que los otros; respiraba con dificultad el aire cálido del desierto a través del pañuelo que le cubría el rostro hasta los ojos. El paisaje le recordaba Arcándida: monótonas extensiones que proseguían hasta el horizonte, con la única diferencia de que allí eran de arena, no de nieve. Sin un guía experto, le habría resultado imposible orientarse entre aquellas dunas bañadas por el sol.

Al atardecer, los cuatro jinetes notaron que el viento llegaba más lleno de arena.

—La tormenta está muy cerca —anunció Ajar.

—¿Ya? —preguntó Samah.

—Creía que iría bastante más lenta; habrá ganado velocidad conforme se acercaba. Tenemos que apresurarnos más.

—¿Cuánto falta? —quiso saber Gunnar.

—Poco. El oasis está detrás de aquellas dunas —afirmó el guía, señalando hacia delante.

La expedición aceleró el paso. Los cascos de los caballos se hundían en la arena y levantaban una polvareda que el viento se llevaba en seguida.

—Ajar nunca se equivoca —le dijo Samah a Gunnar, que cabalgaba a su lado—. El desierto es su casa, lo conoce a la perfección. Estamos en buenas manos.

Armal espoleó su caballo para subir a una duna alta y tener mejor visión.

—¡Ajar! ¡Ya veo el oasis! —gritó al llegar a la cima.

El guía lo alcanzó, escrutó el tembloroso horizonte en la dirección que señalaba Armal y negó con la cabeza.

—No, Armal, es un espejismo. El oasis que buscamos está en el otro lado.

—¿En serio? Creía conocer bien el desierto, pero…

—El desierto no es sólo lo que ves, Armal —sonrió el guía—. Es una criatura inestable, cambiante, siempre distinta, en la que no debes confiar. Estas dunas aún tienen muchos secretos para ti, pero, con los años, te convertirás en un guía experto.

El joven asintió, pensativo; las palabras de Ajar lo habían impresionado.

El grupo prosiguió su camino. Cabalgaron un rato más hasta que la visibilidad empezó a ser muy escasa. El viento levantaba la arena, que quedaba suspendida en el aire creando una cortina cada vez más gruesa.

Los caballos, asustados, se paraban y se negaban a avanzar. Los jinetes, que sólo veían un impenetrable muro de arena, intentaban dominarlos, pero era inútil. Los animales habían percibido la inquietud de sus dueños y no obedecían sus órdenes.

Ajar, temiéndose lo peor, les gritó a sus compañeros

que permanecieran unidos. De pronto, obedeciendo un misterioso instinto, *Amira* se separó del grupo y avanzó con decisión hacia la cortina de arena.

—¿Adónde me llevas, *Amira*? —preguntó Samah, convencida de que la yegua había notado algo.

Entre tanto, los demás se impacientaban.

—¡Venid! ¡Veo algo! —los llamó la princesa, invisible tras la nube de arena.

Ajar fue el primero en alcanzarla.

—¡Es el oasis! —exclamó el guía—. ¡Vamos!

Los demás lo siguieron, y pronto vieron dos árboles: un mango y un baobab.

—Son los del tapiz de Dasin —confirmó Samah, satisfecha—. ¡Muy bien, *Amira*! —añadió, y acarició suavemente a la yegua.

—Espero que lleguemos a tiempo —comentó Gunnar.

El oasis era muy pequeño, y lo ocultaban unas dunas muy altas. Si no se sabía que estaba allí, era muy difícil de encontrar.

Todos desmontaron, cogieron las riendas y continuaron a pie.

La princesa se puso en cabeza del grupo; estaba impaciente por encontrar a Daishan… Sentía que estaba cerca.

—¡Mirad allí! —exclamó de repente.

Echó a correr, y los demás la siguieron hasta el majestuoso baobab. Al igual que en el tapiz de Dasin, dos figuras estaban apoyadas en el grueso tronco.

Vieron a Daishan tendida, inmóvil. Un joven, agotado, cuidaba de ella. Debía de ser Yuften.

La princesa y Armal corrieron hacia la chica tendida en el suelo.

Mientras, Gunnar inspeccionaba el oasis con los ojos fijos en la arena, en busca de posibles restos de magia.

—¿Qué le has hecho? —le gritó Armal a Yuften, observando a su hermana desmayada.

Pero el chico no respondió, no tenía fuerzas.

—Démosle de beber —dijo Ajar, y le tendió una cantimplora de agua.

Yuften bebió y recuperó algo de energía.

—Íbamos… —empezó con dificultad.

—No es el momento —lo interrumpió Ajar—. ¡La tormenta nos enterrará vivos! Debemos buscar un refugio para pasar la noche.

—Daishan… picadura de escorpión tigre…

—¡Oh, no! —exclamó Armal.

—Tenemos que hacer algo o morirá —dijo Samah sin perder la calma—. ¿Cuándo ha ocurrido?

—No lo sé… Puede que ayer.

—Enséñame dónde tiene la picadura —le pidió Ajar a Yuften.

El chico señaló un punto en el cuello, debajo de la oreja izquierda, donde se veían las marcas.

—Espero que aún estemos a tiempo —murmuró el guía. Del bolsillo, sacó un saquito de tela atado con una tira de cuero, que contenía un polvo verde claro. Se echó un poco en el puño y luego lo cerró para que el viento no se lo llevara. Acto seguido, echó encima

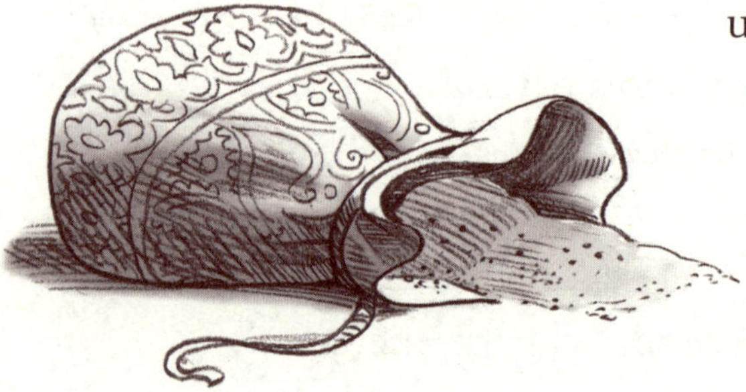

unas gotas de agua de su cantimplora formando una especie de bola de pasta que frotó sobre la picadura de la muchacha. En pocos instantes, el rojo fuego de las señales del cuello se atenuó visiblemente.

—De prisa, tenemos que sacarla de aquí cuanto antes —los apremió Ajar, mirando a su alrededor—. Dentro de muy poco, esto será una pesadilla.

Y así lo hicieron.

31

Una noche difícil

Era una noche muy fría, mucho más desapacible que la anterior.

La pequeña expedición llegó a las laderas pedregosas de una colina baja y encontraron un lugar resguardado en dirección oeste. El desierto estaba agitado, como un mar en plena tempestad, y el viento rodeaba aquel refugio precario formando remolinos de arena cortantes como latigazos.

No había estrellas ni luna. Ninguna luz alumbraba la noche.

Samah, Armal y Gunnar se reunieron en una tienda para escuchar las explicaciones de Yuften, mientras Ajar se quedaba a velar a Daishan en la otra tienda.

El joven comerciante aún estaba muy débil y le costaba hablar, aunque se sentía mejor tras haber comido y bebido.

—Cuéntanoslo todo, desde el principio —le ordenó Samah, que no le perdonaba que hubiera huido con su prima.

—Nos conocimos el primer día del Mercado de las Arenas —empezó Yuften—, la misma mañana en que llegué a Rocadocre. Lo primero que vi al entrar a la ciudad fue a ella… a Daishan. Es difícil de explicar, pero entre nosotros surgió en seguida un vínculo muy especial, como un hilo secreto que nos unía. En los días siguientes, Daishan vino a verme en más de una ocasión al puesto del mercado. Pasábamos juntos todo el tiempo que podíamos, pero yo sabía que el mercado acabaría y que me tendría que ir. La idea de separarme de ella, de no verla hasta dentro de un año, me cortaba la respiración… Nunca me había ocurrido algo así, os lo juro.

Yuften hizo una pequeña pausa, como si necesitara tomar aliento y armarse de valor.

—Para poder estar juntos más tiempo, le propuse que viniera con mi familia cuando terminara el mercado. Quería enseñarle mi aldea, que está en la frontera con la Verde Llanura. Me precipité, ya lo sé, y me arrepiento de ello. Pero entonces me pareció una oportunidad para conocernos mejor, e incluso creí que mis padres estarían de acuerdo.

—Sigue, Yuften —lo miró Samah, perpleja.

—Al principio, Daishan tenía miedo. Si embargo, al día siguiente, cambió de opinión, y decidió venir con mi familia. Yo no lo podía creer. No me explicaba cómo había ocurrido… Parecía como si, durante la noche, todos sus temores se hubiesen disipado.

Gunnar aguzó el oído. Recordó a la princesa Nives dormida, con el coleóptero azul posado en su almohada. Posiblemente, el mismo insecto había manipulado a Daishan, bastante más ingenua y maleable que la princesa Samah, y había doblegado su voluntad según sus oscuros planes.

—Entonces, Daishan me dijo que iría a hablar con vos, princesa —continuó Yuften—. Yo esperaba que volviera pronto para decirme que había conseguido vuestro permiso, pero pasaban las horas y no tenía noticias de ella. Me sentía preocupado y triste, pero sabía que era tarde para ir a la corte. Entonces decidí acudir a palacio al día siguiente y explicároslo todo, pero luego las cosas se complicaron.

Una noche difícil

Samah no se había perdido una sola palabra del relato del chico. Hasta ahí, la historia estaba clara. La versión de Yuften cuadraba con lo que ya sabían, aunque el chico añadiera matices románticos.

Ahora debían encontrar la pieza que faltaba entre su huida de Rocadocre y el momento en que los habían encontrado en el oasis.

—Ánimo, Yuften. Dime qué más ocurrió.

—Aquella noche no podía dormir. Ni siquiera contemplar las estrellas me tranquilizaba. De pronto, vi una silueta fugitiva detrás de mí: ¡era Daishan! Jadeaba, y los ojos casi se le salían de las órbitas. Casi no podía hablar. Luego se recuperó y me imploró que le prestara

el caballo de mis padres para subir a las Laderas Desoladas. No hacía más que hablar de una lámina de plata que debía conseguir lo antes posible.

—¡Oh, no..., la lámina! ¿Y tú qué hiciste?

—Intenté hacerla entrar en razón, pero fue inútil. Seguía repitiendo que la lámina estaba en peligro, y que la salvación del reino dependía de ella y de ese objeto tan valioso. Estaba fuera de sí. En ese momento, pensé que sólo había una solución: seguirle la corriente y acompañarla a las Laderas Desoladas... aunque ese nombre no augurara nada bueno.

Samah se mordió el labio al pensar que su prima había robado la estrofa.

—Salimos a caballo, pero, al acercarnos a las Laderas, Daishan quiso continuar sola. No dejó que la acompañara. Decía que sólo los miembros de la familia real podían acceder a las Laderas Desoladas y salir indemnes. Hablaba con voz inexpresiva, y tenía los ojos vacíos, como si la hubieran hipnotizado. Sentí miedo, porque no la reconocía.

—¿Y luego?

—Volvió al cabo de un rato que a mí me pareció interminable. Había encontrado lo que buscaba.

—¿La lámina? —preguntó Samah.

—Sí, asía con fuerza un pequeño estuche de madera taraceada, como si temiera que alguien se lo quitara. Sin decir una palabra, nos encaminamos hacia Rocadocre, pero en cuanto dejamos atrás las Laderas Desoladas, noté que alguien nos seguía: un hombre en un caballo blanco.

Samah se estremeció.

—Me olí el peligro y espoleé el caballo en dirección al desierto. Esperaba que, al vernos entrar en una zona peligrosa, llena de escorpiones tigre, nuestro perseguidor desistiría. Era un riesgo que debía correr para librarme de él... Pero no fue buena idea. Nuestro caballo, agotado tras subir a las Laderas Desoladas, empezó a perder terreno, y el hombre nos alcanzó al cabo de pocas horas.

—¿Y quién era vuestro perseguidor?

—Un joven vestido de viaje, con casaca y sombrero. Era rubio, con la piel clara y los ojos de un azul intenso. Lo había visto en el mercado días antes, y sabía que era un buscador de objetos.

—¡Rubin Blue! —exclamó Armal, que había guardado silencio hasta ese momento—. Dinos, Yuften, ¿qué pasó luego?

—El hombre no nos hizo daño. Solamente le quitó el estuche a Daishan, montó en su caballo y siguió su camino. Lo que no entiendo es por qué ella no protegió la lámina, por qué no opuso resistencia. Parecía ausente y vacía, como si hubiera hecho un esfuerzo inmenso y ya no le importara nada, ni la lámina ni nuestro perseguidor.

—Todo cuadra —comentó Samah—: Rubin buscaba la estrofa… Pero ¿por qué no volvisteis inmediatamente a Rocadocre? Habría sido lo más sensato.

—Queríamos hacerlo, princesa, pero estábamos agotados, y Daishan necesitaba descansar. Vimos un oasis a lo lejos e intentamos llegar a él, pero era un espejismo y nos perdimos. Vagamos errantes varios días, con escasa comida y muy poca agua. Por suerte, llegamos a ese oasis real donde nos habéis encontrado. Había un mango y un baobab, y decidimos... mejor dicho, decidí, porque Daishan seguía como ausente, quedarnos allí para reponer fuerzas. El segundo día, a ella le picó un escorpión tigre. Empezó a sentirse mal, y luego perdió el conocimiento. Por si fuera poco, nuestro caballo estaba muy inquieto, y al final se escapó. Creí que le daban miedo los escorpiones, pero ahora sé que notaba la proximidad de la tormenta. Se me acabó el agua, y la del oasis era salada y turbia...

—Tenías que haberla hervido —explicó Armal.

—No podía moverme, y no quería dejar sola a mi querida Daishan. Sólo podía esperar que alguien nos ayudara... y habéis llegado vosotros.

Gunnar había observado a Yuften con atención, y cambió de opinión con respecto a él: no podía ser el príncipe Sin Nombre. Sus ojos eran ingenuos, no despiadados, y era evidente que se sentía culpable. Además, de haber sido el príncipe, no se habría quedado junto a la chica, sino que la habría abandonado a su suerte.

—Espero que Daishan se recupere muy pronto —añadió Yuften—. Ése es mi mayor deseo.

De pronto, oyeron el silbido del viento cada vez más agudo. Ajar se asomó a la tienda.

—Mañana la tormenta habrá pasado y podremos volver a Rocadocre —anunció—. En palacio cuidarán de Daishan como es debido. Ahora su vida ya no corre peligro.

32
Regreso a Rocadocre

La aurora despuntaba sobre las dunas doradas del desierto, modeladas como olas por el viento nocturno.

La princesa Samah dormía profunda y tranquilamente en su tienda. Antes de conciliar el sueño, había mirado a Daishan para ver si veía en ella signos de mejoría. El rostro de su prima estaba relajado, aunque aún no estaba curada. Samah dejó que la venciera el cansancio, pues confiaba en los cuidados de Ajar.

Cuando, finalmente, el primer rayo de sol iluminó la tienda, Daishan lo notó. Después de tanto frío y tanta oscuridad, sintió luz y calor… Abrió un párpado, pero la claridad era demasiado fuerte y volvió a cerrarlo. Lo intentó otra vez, más despacio. Movió una mano, y sus dedos rozaron la tela clara de la tienda en el punto donde la iluminaba el sol naciente. Era una sensación agradable. Volvía a sentirse viva.

—¿Dónde estoy? —murmuró.

Al oír sus palabras, Samah abrió los ojos, preguntándose si estaría soñando. Pero, cuando se volvió, vio a su prima despierta y la abrazó, muy contenta.

—¡Daishan, querida! ¡Has vuelto!

La chica, conmovida y agotada, no pudo responderle.

—¡Estaba muy preocupada por ti! —prosiguió la princesa con los ojos llenos de lágrimas—. ¡Creíamos que te habían secuestrado!

—Lo siento mucho —logró decir su prima, apretándole la mano.

—Ya me lo explicarás todo más tarde. Ahora dime si ese chico, Yuften, te ha hecho daño. Nos lo ha contado todo, pero no sé si puedo confiar en él…

—No, él no me ha hecho nada… ¡Oh, no, el escorpión! ¡Me picó un escorpión tigre! —exclamó, tocándose el cuello.

—No te preocupes —la tranquilizó Samah—, hemos llegado a tiempo. Ajar te ha puesto un antídoto. Si hubiéramos tardado más…

Daishan abrió mucho los ojos, aterrorizada.

—Samah, perdóname —dijo, al pensar en lo preocupada que habría estado su prima.

—Todos estábamos intranquilos: el Abuelo, tu hermano…

—¿Armal? ¿Él también está aquí? ¿Y Yuften? ¿Dónde está?

—Todos están en la otra tienda. También Ajar, que te ha salvado la vida, y un invitado nuestro.

—¿Quién es?

—Se llama Gunnar, príncipe Gunnar.

Daishan cerró los ojos y se concentró en respirar. Luego, las palabras le salieron del fondo del corazón:

—Samah, no puedo creer lo que he hecho. La noche en que huí de Rocadocre, una voz me repetía sin cesar que la lámina estaba en peligro. Era como si algo, o alguien, controlara mis acciones.

—Tranquila, ya ha pasado todo. Ahora tienes que descansar.

—Sí. El caso es que no podía librarme de aquella voz, era superior a mí. Después recuerdo que subí a las Laderas Desoladas y allí… —su voz se hizo mucho más débil— perdí la lámina de plata.

—Lo sé, Daishan, me lo contó Yuften.

En ese momento, alguien llamó a la princesa:

—Samah, ¿estás despierta?

Ella abrió las cintas anudadas que cerraban la tienda, y vio a Armal.

Éste vio que Daishan había vuelto en sí y se quedó sin habla.

Había esperado y soñado verla recuperada, y ahora estaba anonadado.

—¡Hermanito! —exclamó la chica y abrió los brazos. Las señales de la picadura habían desaparecido, pero aún le dolía el cuello.

Armal entró en la tienda inundada de sol y la abrazó con delicadeza.

—¡Si supieras cuánto te he buscado! Nunca perdí la esperanza. Y dime, ¿cómo estás?

—Estoy bien, aunque me duele mucho el cuello. Oye, Armal, yo…

—Luego me lo cuentas todo. Ahora, lo único que importa es que estás sana y salva. Voy a avisar a Ajar y a Gunnar. Volvemos a palacio, allí podrás descansar.

Daishan inclinó la cabeza y se echó a llorar. Samah la ayudó a levantarse y le dijo:

—¡Ánimo, vamos a vestirnos! ¡Regresamos a casa!

La princesa se esforzaba por mostrarse serena, pero sabía que era pronto para cantar victoria.

Aún tenían un grave problema sin resolver: el príncipe Sin Nombre.

33

¡Por fin en casa!

El viaje de vuelta fue largo y agotador. La pequeña expedición no encontró más tormentas, pero, para que Daishan y Yuften, muy débiles aún, pudieran viajar a caballo, los demás se turnaban para ir a pie.

Daishan y Yuften viajaban el uno junto al otro, sin hablar.

Cuando Samah vio Rocadocre a lo lejos, el corazón le latió con fuerza. Estaba en casa. Tenía ganas de ver al Abuelo y de presentarle a Kalea a Daishan. Pensó que su mayor ilusión sería ver reunida a toda su familia.

Subir hasta la ciudad fue el último esfuerzo de aquel viaje extenuante.

¡Por fin en casa!

Ya era de noche cuando llegaron, y las calles de Rocadocre estaban desiertas y silenciosas. El pequeño grupo fue directo a la entrada del palacio. En el patio, Kel-Radek esperaba para ocuparse de los caballos, como si supiera que iban a llegar en ese preciso momento…

Cuando vio a Daishan y Yuften sanos y salvos, se puso muy contento.

—Princesa Samah, bienvenida. —Luego se dirigió a Daishan, sonriendo—: Me alegro mucho de verte, Daishan.

Cogió las bridas de los caballos y se los llevó en seguida a los establos para ocultar su emoción.

El Abuelo y Kalea, que estaban en la terraza del último piso, vieron que la expedición había regresado. La joven corrió escaleras abajo.

—¡Ya estáis aquí! ¡Por fin en casa! —gritó, mientras bajaba los peldaños muy de prisa, con las conchas de su vestido tintineando a cada paso.

El Abuelo la seguía a distancia, con la tranquilidad propia de un anciano que sabe que la prisa no lleva a ningún lado.

Samah abrazó a su hermana, y después le dijo:

—Te presento a Daishan, nuestra prima.

Kalea miró a la chica. Era muy guapa, pero se le notaba todo lo que había padecido últimamente.

Daishan no se atrevía a acercarse, de modo que Kalea fue hacia ella, le apretó las manos y la besó en las mejillas.

—Encantada de conocerte, Daishan. Yo soy Kalea.

Tras saludarla, Daishan, muy conmovida, se abrazó al Abuelo.

—Ya estás en casa —dijo él, acariciándole el pelo.

—Sí, y no pienso irme nunca más.

—Oh, sí, un día te irás. Ese momento llegará.

Yuften, que había permanecido apartado, se acercó para despedirse.

—Quiero daros las gracias por haberme traído a Rocadocre. Merecía quedarme en el desierto… Lamento no haber protegido a Daishan como me habría gustado. Ahora debo volver con mis padres, que estarán preocupados.

—Yuften —dijo Armal, y le puso una mano en el hombro—, todos estamos aquí, sanos y salvos, y mi hermana se recuperará pronto. Tú no tienes la culpa de lo ocurrido. A Daishan la dominaba una fuerza superior a ella, y habría ido a por la lámina de todos modos. Estoy seguro de que hiciste cuanto pudiste para protegerla.

No quiero pensar qué habría ocurrido si tú no hubieses estado a su lado.

El joven comerciante lo había escuchado en silencio, con la vista fija en el suelo. No podía articular palabra, pero agradecía aquellas palabras.

—Ahora es mejor que vayas con tus padres —continuó Armal—; deben de tener muchas ganas de abrazarte.

—Sí —sonrió Yuften—. Gracias, Armal.

Antes de irse, aún le quedaba algo por decir:

—Adiós, Daishan.

—Adiós, Yuften.

A éste, con la emoción, se le hizo un nudo en la garganta, y las lágrimas que había contenido hasta ese momento empezaron a aflorar. No quería que ella lo viera en ese estado, por lo que le dio la espalda y se encaminó a la plaza central.

Tras dar unos pasos, una mano le tocó el hombro.

—Yuften…

El chico se detuvo. ¿Lo había llamado Daishan? ¿Era posible que aún le hablara, después de lo sucedido?

Cuando se volvió, sus ojos se llenaron de incredulidad… Era ella, que lo miraba muy seria.

—Daishan, yo…

—¡Chist! No digas nada, Yuften.

Permanecieron unos instantes inmóviles y azorados, el uno frente al otro. Luego, Daishan abrazó dulcemente al joven. Él no sabía si reír, llorar o cantar. Era un momento muy hermoso, y quería saborearlo al máximo.

—Perdóname, por favor —dijo en un susurro.

—No hay nada que perdonar, Yuften. La culpa ha sido mía. Te arrastré hasta las Laderas Desoladas, y cuando quisiste volver a Rocadocre, yo no podía seguir.

—¿No estás enfadada conmigo?

—¡Claro que no!

—¿Eso significa que no voy a perderte?

—Eso es algo que solamente depende de nosotros.

—Haré todo lo posible para que no ocurra. Te escribiré, Daishan. Y te llevaré en mi corazón todos los días que nos separan de nuestro próximo encuentro.

Ambos se soltaron, y Daishan le cogió la mano:

—Te esperaré, mi valiente Yuften. ¡Hasta pronto!

El muchacho sonrió.

Luego cruzó el umbral y desapareció entre las calles de Rocadocre.

34
El relato de Daishan

Samah, Kalea, Gunnar, el Abuelo y Armal estaban sentados sobre grandes cojines de colores, en la terraza.

Daishan se reunió con ellos un momento; antes de retirarse a su habitación para dormir un rato, quería hacer una cosa.

—Os debo una disculpa a todos —dijo—. No quería preocuparos, y no puedo perdonarme haber robado la lámina de plata... No sé qué me ocurrió. Una voz en mi interior me decía que el reino estaba en peligro, y que debía conseguir la lámina para salvarlo. Era como si hubiera perdido el control de mis acciones. La voz mandaba y yo obedecía. Cuando vi a

Rubin Blue en el desierto, la voz me dijo que le diera la lámina de plata, y yo no pude hacer otra cosa. Estaba como…

—¿Hipnotizada? —sugirió Gunnar—. ¿Viste un pequeño coleóptero azul cobalto en tu habitación?

—No lo recuerdo…

—Nunca reparamos en los insectos —comentó Samah—, a menos que nos piquen.

—¡Un momento! —dijo Daishan—. Sí, cuando me desperté con la idea de ir a por la lámina, había un insecto azul zumbando a mi alrededor. Entonces lo aparté, y se metió debajo del armario… En ese instante pensé en los conductos de ventilación.

Los demás se miraron; unos se mordieron los labios, otros negaron con la cabeza.

—¿Por qué lo preguntáis? —interrogó la chica.

—Porqué el príncipe malvado utiliza un insecto de ese tipo para doblegar la voluntad de las personas y hacer que actúen según sus planes. Esta vez, la víctima has sido tú. Eres más joven que Samah, y debió de pensar que serías una presa más fácil. Con la ayuda del coleóptero, te impulsó a ir en busca de la estrofa, y después mandó al buscador para que se apoderara de ella. El príncipe Sin Nombre es muy astuto.

Todos suspiraron preocupados, pero Daishan no entendía nada. ¿A qué estrofa, a qué buscador, a qué príncipe se refería Gunnar?

—¿Y si Rubin Blue y el príncipe Sin Nombre…?

—¿… fueran la misma persona? —terminó Kalea la idea de Armal.

—Sí, es una posibilidad. Samah, tú que has tenido la oportunidad de conocerlo, ¿has visto maldad en sus ojos? —preguntó Gunnar.

La princesa recordó la cara de Rubin Blue, y el vértigo que le provocaban sus ojos color de mar.

—No, parecían sinceros… —De pronto, titubeó—. Gunnar, creo que debes ver una cosa.

Se puso en pie de un salto y corrió al segundo piso, seguida por el príncipe de los Hielos. Al irse, oyeron cómo Daishan le suplicaba a Armal que le diera más detalles de la extraña historia.

Era muy tarde, y Samah lamentaba molestar a Dasin, pero era necesario. Gunnar aún no había visto el tapiz con el hombre del turbante dorado que la anciana había tejido antes de que él llegara.

La princesa llamó con cuidado a la puerta abierta de la tejedora.

—¿Dasin? Soy yo, Samah. ¿Puedo entrar?

—Claro, princesa. Estoy despierta.

La mujer estaba sentada en la cama.

En la mesa había una vela encendida y una bandeja de paja trenzada con la cena intacta: arroz, crema de garbanzos y fruta del tiempo.

—¿Estás bien? No has comido nada.

—He oído que Daishan ha vuelto sana y salva —dijo la anciana, sonriendo—. Me alegro mucho.

—Eres muy amable, Dasin.

—¿A qué debo vuestra visita?

—He venido con Gunnar. Enséñale el primer tapiz que hiciste.

—¿El del hombre con turbante?

—Sí, ése.

—Cogedlo, está en la cesta, junto al telar —dijo la mujer, y señaló una gran cesta de paja oscura.

Samah encendió otra vela, encontró el tapiz y se lo enseñó a Gunnar.

—¿Podría ser él?

Gunnar reconoció de inmediato los ojos penetrantes del príncipe Sin Nombre.

—Es él. Reconocería ese mirada entre un millón.

Samah le dio las gracias a Dasin, y salió de la habitación con Gunnar. Luego, ya en la escalera, tomó aliento y dijo:

—Tengo que contarte lo que he averiguado sobre él en la Academia del Reino del Desierto…

35
En el palacio dormido

El hombre estaba sentado ante un escritorio lleno de libros apilados. Las tupidas cortinas corridas sumían el lugar en la penumbra. Aunque las hubiese descorrido, sólo habría entrado una tenue luz gris a través de los ventanales con vistas al inmenso mar.

Una gruesa capa de polvo cubría el mobiliario de la habitación: los dos sofás, los sillones, el piano de cola. Las estanterías que cubrían las paredes estaban llenas de libros hasta el techo… un techo altísimo.

El suelo quedaba oculto bajo grandes alfombras que representaban escenas de caza y de guerra. Se veía también un abanico tirado, abandonado desde hacía mucho tiempo.

En el palacio dormido

El aire sin olor era denso como un líquido, y los muebles parecían asfixiarse allí dentro.

Todo estaba en silencio. No había voces ni bullicio en los pasillos. No había música, ruido ni pasos. Ya no.

Todo se había detenido un día muy lejano, cuando aquel despacho y el palacio entero todavía estaban llenos de vida. Desde entonces, todo permanecía dormido, esperando que alguien, de algún modo, lo despertara.

Y ese alguien no era otro que el príncipe Sin Nombre, el hombre sentado ante el escritorio.

Se había quedado sin nombre cuando su peor enemigo, el Rey Sabio, le había quitado todo cuanto poseía, y

había condenado al sueño el palacio de su padre, el Viejo Rey. Ahí terminó su infancia, y empezó una época de tormentos que sólo podía acabar cuando recuperase lo que había perdido.

Deseaba venganza. Soñaba con ella por la noche, pensaba en ella de día. Una revancha definitiva, que lo convertiría en el nuevo monarca del Gran Reino.

Ahora tenía otra carta que jugar para alcanzar su objetivo inmediato.

Se levantó y salió de la estancia. Avanzó por un pasillo largo y estrecho, con las paredes tapizadas en verde oscuro llenas de retratos de personajes austeros. Se detuvo ante una puerta cerrada, sacó una llave del bolsillo, la metió en la cerradura y abrió.

Dentro de la habitación en penumbra se distinguía la silueta de una persona sentada en un sofá.

El príncipe se acercó en silencio y miró la figura delgada e inmóvil como una estatua.

—Espero que hayas reflexionado —dijo.

No hubo respuesta.

—Está bien. —El príncipe soltó una risa espantosa—. Con el tiempo, querido curandero, comprenderás que no tienes elección. Cuando te decidas a contarme tus secretos, seré el hombre más poderoso de los Cinco Reinos.

—Me temo que tu sueño no se cumplirá —respondió la voz de un anciano—. Eres cruel y despreciable. Nunca te ayudaré a llevar a cabo tus malos propósitos.

—Eso ya lo veremos —rió el príncipe. Y salió de la habitación cerrando con llave—. Ya lo veremos —repitió, y su voz resonó en todo el pasillo, como si esperase que los retratos de sus antepasados pudieran responderle.

Volvió al despacho y siguió pensando en su plan.

Para llevarlo a cabo necesitaba las cinco estrofas de la Canción del Sueño, con las que despertaría el palacio y a la corte.

Abrió un cajón del escritorio y sacó dos láminas de plata muy finas, que llevaban unas palabras grabadas.

Leyó la primera en voz alta:

Rey del sueño profundo,
soberano de la calma del mundo:

Espíritu de agua y sal,
yo te invoco, oh, Rey del mar abisal.

Condena al sueño eterno al tirano
que al Gran Reino hizo tanto daño.

Era la estrofa de Kalea. Después, leyó la de Samah, que había robado gracias a su ingenua prima:

Reina del sueño profundo,
guardiana de la calma del mundo:

Espíritu de arena y viento,
aguardo tu advenimiento.

Condena al sueño eterno al tirano
que al Gran Reino hizo tanto daño.

—¡Un juego de niños! —comentó en voz alta.

Pensó en el hechizo que había descubierto para transmitirle sus órdenes al coleóptero azul a través del viento. Era genial, pensó, lo mismo que la idea de enviar un buscador a Rocadocre para conseguir la lámina. Había sido fácil ponerlo sobre la pista y luego mantenerlo cerca del coleóptero para hipnotizarlo y lograr que le robase la lámina a la prima de Samah.

Pronto tendría el resto de estrofas en sus manos. Aún debía visitar a otras dos princesas, y, además, tenía un asunto pendiente con Nives, la princesa de los Hielos.

Mientras pensaba en ello, rió.

En el palacio dormido

Las dos últimas estrofas las guardaban Yara, princesa de los Bosques, y Diamante, princesa de la Oscuridad.

¿A cuál de ellas visitaría primero?

En la mesa, junto a los libros, había una moneda con la efigie de su padre en una cara. En la otra, un símbolo muy elocuente: una espada. Aquella moneda ya no estaba en curso en los Cinco Reinos, donde no había nada que recordara al Viejo Rey.

Sacudió la cabeza, cogió la moneda y la hizo girar entre los dedos sin dejar de observarla.

De pronto, la lanzó al aire, y la atrapó entre la palma de una mano y el dorso de la otra.

Eligió cara para una princesa y espada para la otra, luego miró.

Cara.

Estaba claro: la moneda había decidido a quién visitaría en su siguiente viaje.

Cogió un voluminoso libro de la pila y empezó a hojear las páginas, repletas de dibujos y fórmulas mágicas.

—¡Aquí está el hechizo que necesito!

Inclinado sobre el libro, comenzó a repetir en tono monótono una extraña cantinela.

36

Planes de viaje

En el cielo de Rocadocre, la luna había desaparecido, dando paso a unos reflejos que anunciaban el alba. Kalea, Samah y Gunnar habían pasado la noche reconstruyendo los movimientos del príncipe Sin Nombre en los tres reinos.

—Debemos irnos en seguida —concluyó Gunnar.

Todos se sentían muy cansados, pero estaban muy preocupados por las otras princesas, y no querían perder tiempo.

—¿Y adónde vamos? —preguntó Kalea.

—A ver a Yara —dijo Samah—. Creo que no tenemos elección.

—¿Y si el príncipe va al reino de Diamante?

—Mi reino está comunicado con el Reino de los Bosques, Kalea. Al Reino de la Oscuridad sólo se puede acceder desde el Reino de Arcándida, desde el Foso Turbulento —le explicó Samah, que, por ser la primogénita, conocía muy bien los pasadizos secretos.

—¿Qué? —preguntó el príncipe de los Hielos, sorprendido—. ¿Desde el foso se llega a otro reino?

—Sí, Gunnar. ¿Alguien ha usado ese pasadizo?

—Voluntariamente, no. Pero Calengol, el peor enemigo de la princesa Nives y del Reino de los Hielos Eternos, cayó allí. Mejor dicho, el príncipe Sin Nombre lo tiró para librarse de él.

—O sea, que ahora hay un enemigo en el reino de Diamante —se alarmó Kalea.

—No creo que sobreviviera —respondió Gunnar.

—Pero ¿y si estuviese vivo? ¡Nuestra hermana estaría doblemente en peligro!

—Tranquila, Kalea —la calmó Samah—. A Diamante no le ocurrirá nada malo. Nosotros jamás lo permitiremos.

Gunnar se puso de pie y se volvió hacia el sol, que ya había salido y teñía las dunas de mil tonalidades.

Entornó los párpados y disfrutó de la tibieza y el aire nítido de la mañana, que olía a flores del jardín.

Si no hubieran tenido que afrontar problemas y peligros, habría sido un momento muy agradable.

—Será mejor que nos separemos, así podremos avisar más de prisa a vuestras hermanas —propuso Gunnar tras un largo silencio.

—¿Separarnos?

—Sí, Kalea. De este modo tendremos más posibilidades. Ni Yara ni Diamante conocen el plan del príncipe Sin Nombre. Hasta ahora, el malvado lo ha tenido fácil, porque a vosotras nadie os avisó.

—Estoy de acuerdo —asintió Samah—. Iremos todos juntos al Reino de los Bosques y, una vez allí, yo buscaré a Yara y la avisaré del peligro. Mientras, vosotros iréis al lago, entraréis en el pasadizo que conduce a Arcándida y volveréis con Nives. Puede que ella también necesite ayuda. Y, desde allí, os adentraréis en el Foso Turbulento para alertar a Diamante.

—Si es la única solución… —consintió Kalea a regañadientes.

—Eso creo —respondió su hermana—. ¿Estás de acuerdo, Gunnar?

—Es un buen plan —asintió el joven, asombrado ante el sentido práctico de Samah—. Ahora casi podríamos darnos las buenas noches, sólo que… ¡ya es de día!

37

Un adiós difícil

Samah, Kalea y Gunnar estaban listos para partir, pero faltaba lo más difícil: despedirse.

—Yo les dejé una nota al irme —le dijo Kalea a Samah—. Sabía que me resultaría muy doloroso despedirme de Naehu, Purotu y toda la corte, y preferí escribirles.

—Te comprendo perfectamente —contestó Samah—. Pero aquí todos están implicados en la historia, y es muy importante que les expliquemos lo que vamos a hacer para que puedan enfrentarse al peligro… Aunque no debemos hablar demasiado. Ya sabemos que al príncipe Sin Nombre se le da muy bien sonsacarle información a la gente…

—Tienes razón, Samah —aprobó Gunnar—, debemos ir con cuidado.

~*~

Convocaron al Abuelo, a Armal y a Daishan a la Sala de la Bóveda Celeste. Ninguno de ellos sabía de qué quería hablarles Samah, aunque, por su expresión, comprendieron que se trataba de algo importante.

—Tengo que irme —empezó la princesa—, por el bien de todos. Kalea y Gunnar me acompañarán.

—¿Adónde vais? —le preguntó Daishan, que ya estaba curada.

—Al Reino de los Bosques.

—Llévame contigo, prima, por favor —le suplicó Armal, que se sentía inútil cuando permanecía inactivo.

—No. Serás más útil aquí, defendiendo la corte.

—¿De quién? —gritó él—. En este reino el príncipe Sin Nombre ya ha robado lo que quería.

Samah, a quien no le gustaban los malos modales, iba a pedirle a su primo que bajara el tono de voz, cuando Gunnar tomó la palabra.

—Con él nunca se sabe. Necesitamos aquí a un hombre valiente y fuerte. Además, debemos conseguir la lista de benefactores de la Academia. Tal vez así averigüemos algo más del príncipe Sin Nombre y podamos pararle los pies. ¿Crees que podrás hacerlo?

—Por supuesto —asintió Armal—, yo me ocuparé de todo.

—¿Y qué haremos sin ti, Samah? —preguntó su prima Daishan, preocupada.

—Os las arreglaréis, estoy segura.

—Estaremos bien, no te preocupes —la animó el Abuelo—. Dales un beso a tus hermanas de mi parte.

Samah lo miró sorprendida. El sabio Amar lo había comprendido todo, como siempre. Sabía que no iban a verse en mucho tiempo, y que ella tenía intención de proseguir hasta el Reino de la Oscuridad.

—Te echaré de menos, Abuelo —dijo conmovida, y lo abrazó—. Os echaré de menos a todos. Ahora tenemos que irnos.

Kalea, Gunnar y Samah abandonaron la sala y bajaron al patio. La princesa del Desierto miró una vez más a sus seres queridos, que se habían asomado a las ventanas. Los tres le sonreían.

Luego se dirigió al jardín, con el corazón algo más aliviado.

38
El pasadizo secreto

Aquella mañana, el jardín de Rocadocre estaba precioso. Las ramas, los arbustos y la hierba estaban salpicados de flores de muchos colores… y los melocotoneros llenos de frutos enormes y aromáticos.

Samah recogió tres frutos, y luego dijo:

—Un último melocotón, para recordar esta tierra y este reino.

—Está delicioso —comentó Kalea—, ya no recordaba su sabor.

A Gunnar también le gustó, pues devoró la fruta a grandes bocados.

—Ahora ya podemos irnos —dijo Samah.

—¿Dónde está el pasadizo?

—Delante de ti, hermanita.

Le señaló el gran baobab del tronco rojo.

—¿Dentro del árbol? —preguntó Kalea, indecisa.

—No es un árbol cualquiera, es un baobab, y el tronco está hueco.

—¿En serio?

—Sí. Así puede almacenar una gran reserva de agua y resistir la sequía.

Los tres se acercaron al tronco rojo. Era muy grande, con ramas nudosas y macizas. Calcularon que se necesitaban tres personas para abrazarlo.

—Seguidme —pidió Samah. Llegó hasta una grieta en la corteza y metió la mano. La grieta se abrió lentamente hasta convertirse en un pasaje.

Gunnar y Kalea la miraban con sorpresa.

—¡Vamos, tenemos que entrar! —los exhortó Samah.

Uno a uno, entraron en el baobab. Dentro estaba oscuro, y olía a tierra bañada por el sol. Al cabo de unos instantes, una segunda grieta se abrió ante ellos, y los tres la cruzaron de prisa. Allí también estaba oscuro, pero ya no parecía el interior de un baobab, sino…

—¡Una cueva! —exclamó Kalea.

—Eso parece —confirmó Gunnar, e inspeccionó el espacio tocando las paredes de roca—. Yo iré delante —propuso.

Al llegar al final de la galería, los deslumbró una luz verde brillante.

Estaban en una jungla llena de exuberante vegetación, entre árboles muy altos, rocas cubiertas de musgo y plantas de enormes hojas.

Se oían las voces de muchos animales, la mayoría de ellos completamente desconocidos para los tres viajeros.

No vieron senderos ni caminos. El bosque era un laberinto de árboles y hojas; en algunas zonas, copas y ramas se entrecruzaban e impedían ver el cielo.

—¡Qué maravilla! —se entusiasmó Kalea, y se agachó a tocar una hoja reluciente y carnosa.

—Ahora tenemos que buscar el palacio de la princesa Yara —dijo Samah.

En ese preciso momento, desde lo más profundo de la vegetación, se oyó una voz inquietante que los sobresaltó.

Gunnar aguzó el oído.

Silencio.

Tras unos instantes, la voz amenazante se repitió, más cerca.

—Poneos detrás de mí —susurró el príncipe.

Y, ante ellos, apareció un gorila gigantesco con cara de pocos amigos…

El animal gritó por tercera vez. Debían de haber invadido su territorio, y quería demostrarles quién mandaba allí.

Gunnar deseó volver a ser un lobo blanco, pero ahora era un hombre, sin colmillos ni garras. No había tiempo para lamentarse. El ingenio o la experiencia eran las únicas armas que tenía para salir airoso de la situación.

—Quedaos quietas, inmóviles —les dijo a las princesas—. Yo me ocuparé de él.

Al oír esas palabras, Samah y Kalea palidecieron, mientras Gunnar daba un paso con cautela hacia el fiero animal.

Sin duda, os estaréis preguntando qué ocurrió entre el príncipe Gunnar y el gorila, y quién ganó. Pero no siempre hay vencedores y vencidos; en ocasiones, las cosas son más complejas…

Pero no quiero anticiparos nada.

Además, estaréis muy cansados tras este largo viaje al Reino del Desierto. ¿Os ha entrado arena en los ojos? Ya os dije que llevarais un pañuelo…

Espero que hayáis disfrutado de vuestra estancia en el colorido palacio de Rocadocre. La Sala de la Bóveda Celeste era maravillosa, ¿no creéis?

No sé si notasteis un pequeño detalle importante. Os daré una pista: está en la habitación de Samah… ¿Lo habéis adivinado? Sí, es la alfombra. Se parece mucho a la de Nives. ¿Por qué? Si tenéis paciencia, os lo contaré muy pronto. ¡Lo prometo!

Hemos dejado en suspense en Rocadocre: la historia de Daishan. ¿Cómo acaba? ¿La joven culminará su amor?

Tendréis que preguntárselo a Samah, pues tengo la impresión de que vigilará a su prima, al menos por un tiempo.

Volvamos al bosque donde se encuentran nuestros amigos. Al otro lado de los árboles hay un claro con un pequeño lago de aguas cristalinas. Allí podréis refrescaros, y no sólo eso: en el lago está el pasadizo secreto hacia el Reino de los Hielos Eternos. El problema es que para llegar allí, Kalea, Samah y Gunnar primero tendrán que enfrentarse con el gorila…

Quedaos con ellos: ¡la unión hace la fuerza!

Eso lo saben muy bien los protagonistas de nuestra historia. Sí, digo nuestra, porque ya no es sólo mía, sino también vuestra. Me habéis seguido hasta aquí, formáis parte de las aventuras de nuestros personajes, Nives, Samah, Kalea, Gunnar y los demás, que se han convertido en nuestros amigos.

En cuanto al príncipe Sin Nombre, debemos tener mucho cuidado. Su sed de venganza es tan fuerte que nada puede detenerlo. Su único objetivo es reunir las estrofas de la Can-

ción del Sueño. En este momento, está ideando varias trampas contra la próxima princesa a quien piensa visitar.

En los Cinco Reinos, se respiran aires de guerra. ¿Oís el ruido a lo lejos? Parece que hay una batalla más allá del gorila. ¿Yara y su corte están en peligro?

Lo averiguaremos cuando prosigamos nuestro viaje hacia el Reino de los Bosques.

Ah, lo olvidaba: si sabéis silbar, hacedlo tres veces seguidas.

¡Es la mejor forma de pedir ayuda!

Tea Stilton

ÍNDICE

Introducción 7

PRIMERA PARTE

1. Bienvenidos a Rocadocre 11
2. La llegada de los comerciantes 18
3. La joven del néctar de melocotón 24
4. La yegua *Amira* 33
5. El Mercado de las Arenas 37
6. El discurso de la princesa 43
7. La llegada de Rubin Blue 49
8. La cena de los comerciantes 57
9. Que comience el baile 64
10. Una noche en vela 76

11. El canto del gallo 82
12. Sueños rotos 90
13. Los baños 95
14. El objeto misterioso 104
15. Una propuesta de viaje 111
16. La respuesta 118
17. La prima mayor 123
18. La soledad 134
19. La fuga 142
20. Alarma en Rocadocre 148
21. El tapiz de Dasin 154
22. La Academia del Reino del Desierto 162
23. El hombre del turbante dorado 169

Segunda parte

24. Una visita inesperada 181
25. Las Laderas Desoladas 189
26. En busca de información 193
27. Los comerciantes de la ciudad 197

28. El segundo tapiz de Dasin 201
29. Un viaje al desierto 207
30. Daishan y Yuften 213
31. Una noche difícil 221
32. Regreso a Rocadocre 230
33. ¡Por fin en casa! 235
34. El relato de Daishan 242
35. En el palacio dormido 247
36. Planes de viaje 253
37. Un adiós difícil 257
38. El pasadizo secreto 260

Conclusión 265

Gran Reino
Fuerte de los Reyes
Roca del Sueño
Isla Errante
REINO DE LOS BOSQUES
REINO DE LA OSCURIDAD